横田正夫 著
松尾陽子 マンガ原作
山鳥おふう 作画

マンガでやさしくわかる心理学

Psychology

日本能率協会マネジメントセンター

はじめに

『マンガでやさしくわかる心理学』とは、不思議な感じがする本の題名です。しかし、この本の依頼を受けた時に、私はとても喜びました。久しぶりにワクワクしました。マンガはエンターテイメントです。そのエンターテイメントで心理学の専門が語れるのです。誰でもが手軽に手にすることができる本になる！　と思いました。

私がこのように考えたのは、私の履歴が大きく影響しています。現在の専門は臨床心理学、特に、統合失調症の心理を扱っていますが、その一方でアニメーション研究もしています。不思議な取り合わせです。

しかし、私の中ではなんの不思議もありません。大学時代は、日本大学芸術学部映画学科でアニメーションを学び、制作現場に進もうと考えていました。ところが、制作現場を目にすると夢がないと感じ、方向転換をし、映像理論を心理学的に解明しようと、大学院では心理学、特に、認知心理学を専門としました。大学院を出てから、たまたま大学病院の精神医学教室に職を得、精神障害者に心理検査を施行する日々を送りました。大学を出て、20年ほどたって、アニメーションへの関心が復活し、その研究を始めました。

このように創作に従事したいと考えながら、研究者への道を進み、それも認知心理学といった基礎領域から臨床心理学という応用領域に進んでゆき、アニメーションというさらに応用的な研究を進めてきたわけです。

こうした中で本書を考えると、創作したかったという青年期に抱いていた願望がほぼ40年経過して、マンガという形で達成されました。ワクワクした理由がここにあります。

さらには、基礎から応用へと研究が進展した私の履歴そのままが本書に反映され、しかも折に触れ、アニメーションのテーマを盛り込んでもいます。こうした夢のような企画は自分で望んでできるものではありません。そうした機会を与えられたことに感謝しています。

長々と個人的なことを書きましたが、そもそも心理学は、マンガに描かれたように、身近なものを扱う学問なのです。

日々の生活の中で、心理学的なテーマに触れることはたくさんあります。それらを紐解きながら、心の前向きの姿勢をよどみなく維持できれば、本書の主人公の彩子《さいこ》のように紆余曲折があっても良好な適応が可能となります。

マンガで描く際に、最近のマンガのような、過剰な感情表現はしないように作画者にお願いしました。

心の現れは、行動の些細な変化にあるものなので、それをマンガに表してもらうには、過剰な感情表現はふさわしくありません。控えめな、おとなしい感じを受けるかもしれませんが、その分、われわれの日常で出会うような心の現れを行動を通して読み取ることができるように仕上がっています。

マンガを読みながら自然に心理学とは何かを学び取ることができるでしょう。

メディアでは過剰な表現や過剰な感情表出があふれています。しかしそれらがスタンダードであるわけではなく、むしろ私たちの日常の体験がスタンダードなのです。そのスタンダードな体験がじつは複雑に成り立っているということを、心理学が知らしめてくれます。

人間の心の精妙な仕組みをしっかりと学び、日々の生活に生かしてほしいものです。

横田正夫

マンガでやさしくわかる心理学　目次

Prologue

心理学とは

Part 1
ものを知る働き
―実験を中心に―

Part 2

人とのつながりを科学する

——観察を中心に——

Part 3

人の性格を知るには

——心理検査法を中心に——

Part 4

心の動きと「問題」を捉える
――面接法を中心に――

Prologue
心理学とは

カチッ
PiPiPiPi
Story 0
人嫌いの
新任教授現れる
今日も時間ぴったり!
私は遠藤《えんどう》彩子《さいこ》
私立大学の心理学科の助手として働いて今年で3年
今日の1位は水瓶座!
運命の人に出会えるかも
!
ふふっ
今日はいい日かも!

某私立大学
おはようございます！
明日から新しい年度だから気を引き締めていきましょう
はいっ
そう言えば今朝の星占い1位だったんですよ！
遠藤さん 本当 そういうの好きねー
そうだ 学生課に書類を取りに行ってくれる？
学生課とおいしー
えー 朝から面倒くさいなぁ…
ゆらり
聞こえてるわよ
私には新しい教授を迎えるための準備があるの！
知ってますよ！ 行ってきますね

ガラ
ガラ
重っ…
ガラ
ガラ
朝イチから
こんな仕事…
水瓶座が1位って
当たってない
じゃない…
ガラ
ガラ
これじゃあ
運命の人にも
出会えないかも…
あ
この中庭から行くと
心理学科への
近道なんだよね
ガタ
ガタ
よーし
こっそり
通っちゃえ！
サァァ

スーツで水やり…？
変な人…
花に話しかけてる…
ブツ
ブツ
何を話しているのかしら…
ドキッ
えっ！
ばっ
なっ何？あんな笑顔反則よ！
もしかしてこれが運命というものなの？
ポ～～
帰ってからずっとあぁなのよ…
春だしね…

失礼
ガチャ
研究室の鍵をいただきたいのですが…
はい
4月から赴任される神代教授ですね？
はい
あっ さっき花壇にいた人
またすぐに会えるなんて！
やっぱりあの人が
運命の人なんだわっ！
それでは研究室の方に…
あっ はいっ はいっ

私がご案内します！
あ…そう？ それじゃあ 頼むわね
神代 祐介 研究室
こちらです
届いている荷物は 中に入れて ありますので…
ありがとう
あれ…？
し 心理学って ステキな学問 ですよね
私 昔から雑誌の 心理テストとか 好きで
よく友だちと やってたん ですよ
魔法みたいに 人の心が全部 わかっちゃうん ですよね？

ぴた
魔法みたいに人の心が全部わかることはありません
えっ
でも　心理学ってそういう学問じゃ…
君に限らず多くの人が誤解していますが…
心理学は人の心をのぞくような学問ではありません
ちまたの心理テストは本当の心理検査ではないのです

でも　心理テストはすごく当たりますよ！
当たったような気になるのは誰でも当てはまりそうなことを言うからです
自分に都合の良いことだけを飲み込むので
当たったように思うかもしれませんが
エセ心理学です
えっ　じゃあ心理学ってなんなんですか…？

心理学とは
ひと言で言えば
行動の科学
心理学
科学？
そう
実験
心理検査
行動の観察
行動の法則
人の行動を観察し
実験し　心理検査し
行動の法則を明らかに
するのが心理学です

しゅん…
どうしたの？何か言われた？
どう
なんだか今日は先生の機嫌が悪かったみたいで…
なーんだ
気にすることないよ
神代教授は誰にでもそっけない態度なのよ
そう…なんですか？
へえ…
ちょっと変わり者で有名なのよ
コソ。。
そうかなぁ…

次の日
先生～荷物整理手伝います～
いいです
その次の日
先生～このお菓子おいしいです
いりません
3日目
先生～
わあ!
すごい植物
先生って緑が好きなんですか?
私もなんですよー!
かわいいー♡
そう言えば先日花壇で…

ああ　君
ここの植物には手を触れないようにお願いします
あっ　ごめんなさい
それと研究室には用もなく来ないでください
お　お邪魔はしません！
何か先生のお手伝いができたらって…
手伝い…ですか
それなら…
この本を棚に整理して並べてください

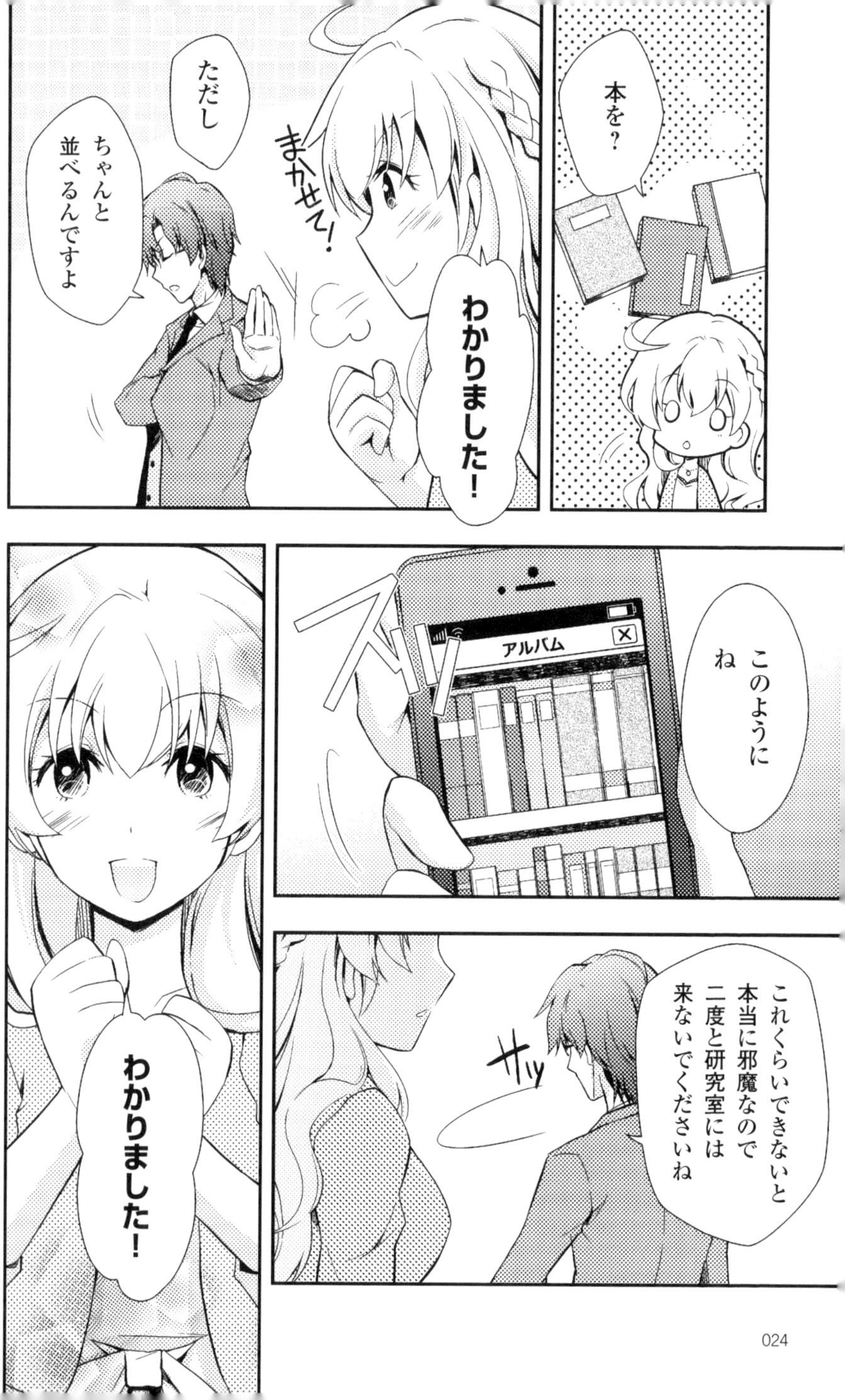
本を？
わかりました！
まかせて！
ただし
ちゃんと並べるんですよ
このようにね
アルバム
これくらいできないと本当に邪魔なので二度と研究室には来ないでくださいね
サッ
わかりました！

ぱき
てき
せっせ
1時間後
できました！
はいはい…
ほう…
どうやって並べたんですか？
えっ

さっきの写真のとおりに並べましたよ？
…なるほど
すっ
さっきの一瞬で写真を記憶したというわけですか
アルバム
きらっ
たしかに写真にうつっている部分は完璧…
えっへん
どうです？
アルバム
しかし…

…まだまだですね
写真に写っていないところはまるでダメ
ガーン
本の大きさ・色をきちんと揃えようとすると見た目はキレイですが
それだけでは整理して並べているとは言えません
いいですか
心理学は分野で並べるんです

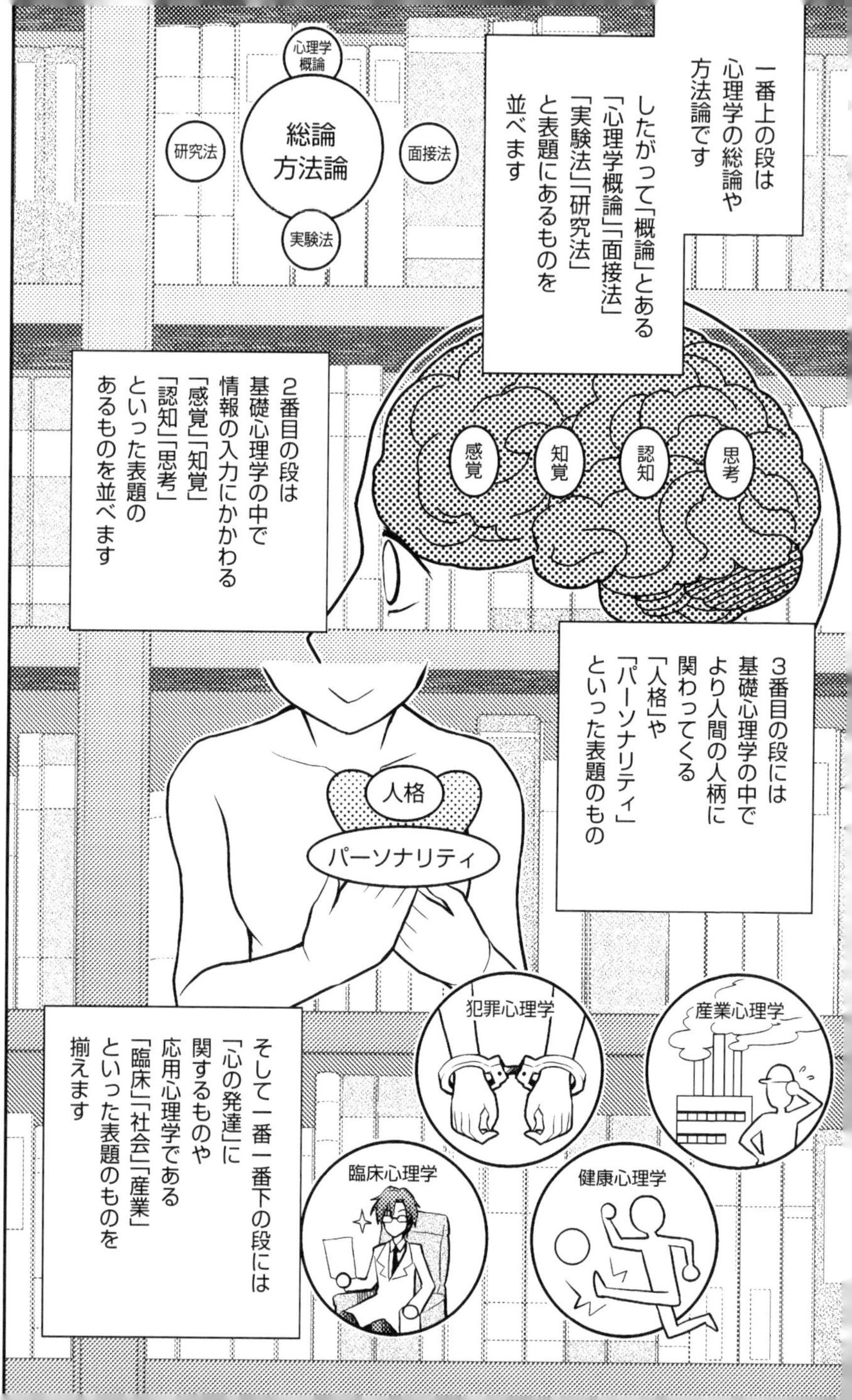
一番上の段は心理学の総論や方法論です
したがって「概論」とある「心理学概論」「面接法」「実験法」「研究法」と表題にあるものを並べます
心理学概論
面接法
総論
方法論
研究法
実験法
思考
認知
知覚
感覚
2番目の段は基礎心理学の中で情報の入力にかかわる「感覚」「知覚」「認知」「思考」といった表題のあるものを並べます
3番目の段には基礎心理学の中でより人間の人柄に関わってくる「人格」や「パーソナリティ」といった表題のもの
人格
パーソナリティ
産業心理学
犯罪心理学
健康心理学
臨床心理学
そして一番一番下の段には「心の発達」に関するものや応用心理学である「臨床」「社会」「産業」といった表題のものを揃えます

こうすると
本棚を見ただけで
心理学の全体分野が
見渡せるのです
ちなみに
基礎心理学と
応用心理学はおもに
これだけの種類の
分野があります
心理学
基礎心理学
感覚心理学
知覚心理学
記憶心理学
思考心理学
感情心理学
行動心理学
生理心理学
人格心理学
社会心理学
など
応用心理学
学校心理学
産業心理学
臨床心理学
異常心理学
神経心理学
犯罪心理学
健康心理学
など
へぇー
心理学って
こんなに種類が
あるんですねー

…知らなかったんですか？
…君は心理学科の助手なんでしょう？
えへへ…そうなんですけど…
…君には心理学の理解が足りていないようですね
でっでも
写真の部分はちゃんと並べられましたし合格ですよね！
…まあいいでしょう
研究室に来るのは構わないですが私の邪魔はしないこと
やった！

喜ぶのは
まだ早いですよ
本の整理はまだ
半分残っています
写真に写っていた
部分だけ
整理は完璧だった
はーい！
ちら
これはもしかして…
彼女の能力
調べてみる価値は
ありそうですね…

01

心理学は「行動の科学」！

人のイメージは行動から読み取っている

「心理学とはひと言で言えば行動の科学」

神代先生が彩子に向かって放ったこのセリフ（20頁）を読んで、「心理学だから心の科学の間違いでは」と、思った方も多いのではないでしょうか。

心理学を学ぶ前に、まず、この点について考えてみましょう。

マンガを読んだ皆さんは、遠藤彩子《さいこ》という女性に初めて出会いました。

マンガの冒頭のシーンを思い出してください。彼女は、時間通りに起床しました。そして時間に余裕をもって朝の時間を過ごしています（12頁）。

少し注意して見ると、本棚に並んでいる本はきちんとサイズが揃えて並べられています。

こうした彩子の行動や、彩子の行動の結果としての本の並べ方を目にした皆さんは、彩子について、なんらかのイメージをもったのではないでしょうか。

例えば、
几帳面な女性
ゆとりのある女性
ほのぼのとした女性
といった印象があるでしょう。もちろんこれに限りません。想像力を働かせればもっと出てきます。
では、そうしたイメージはどこから出てきたのでしょうか。
それは彩子の口にしたセリフを含め、彼女の行動から私たちが読み取っていることです。
心理学は、これと基本的には同じことをする学問なのです。
整理してみましょう。
彩子の行動は、時間通りに起きる、時間に余裕をもって行動する、本をきちんと整理している、といったことでした。それらの行動を手がかりにして、彩子の「几帳面」「ゆとりのある」「ほのぼの」といった人柄（心理学では「人格」）を読み取りました。
出発点は行動にあり、行動を手がかりにしてその背後の心（人格）を推測したわけです。
さらには、朝の段取りの良さから頭の良さを読み取るかもしれません。頭の良さのこと

を心理学では知能と呼びます。

つまり私たちは、**彩子の行動から人格、知能といった心の一面を導き出した**のです。

⇩占いやちまたの心理テストが心理学ではない理由

彩子はテレビで星占いを聞いて喜びます。「運命の人に出会えるかも」と。

このような占いの結果を聞くと誰でも嬉しくなるものです。

彩子も嬉しくなって、神代先生に出会った時に占いが当たったと思います。つまり占いが彩子の心を言い当てていた、と。

占いや、即席で作ったような雑誌の心理テストが当たったと思うことは誰でもが体験するありふれた体験です。ですが、これらは心理学ではありません。

それは、なぜでしょう。

それは**心理学で扱う「心」が常に変化しているのに対し、占いで示すのは未来の確定的な予測だからです**。例えば、星占いは、理想の人と出会うといったような特定な出来事についての予測であり、占いによって決まってしまったものであり、他に考えようのない、動かしようのないものです。ですから、これに対して反駁《はんばく》※のしようがありません。信じるか、信じないかしかありません。「当たった」、あるいは「外れた」と思うしかない

※反駁：他人の意見に対して反対意見を論じ返すこと。

のです。

また、即席で作ったような雑誌などの心理テストは、どのように作られたのかについて知らされていませんし、結果の解釈についても、なぜそのように解釈できるのかについての根拠が示されていないことが多いと思います。こうしたことが示されていないものは、占いと同じで「当たった」「外れた」と思うしかありません。

人間の心が、常に変化しているということは自分の心を振り返ってみるとよくわかります。決めたと思っても、その後ですぐ後悔したりすることはしばしば体験することです。好きになったり、嫌いになったり、喜んだり、悲しんだりと、心は大きく揺れます。固定することは決してありません。未来の行動についての私たちの予定は、時に応じて、変更を余儀なくされるような融通性をもったものです。

しかし、それにしても冒頭で彩子の人柄が浮き出てきたように、ある種の行動の法則性があることは確かです。そうした**行動の法則性を科学的に捉えようとする時に、後ほど詳しく説明する心理学の方法論が重要になります。**

心理学で何がわかるの？

02

⇩生活のあちこちに潜む心理学のテーマ

再び彩子を見てみましょう（13頁〜15頁）。

出勤した彩子は、同僚から仕事を頼まれ、つい「面倒くさい」と言っています。学生課から荷物を持ってくることになりますが、台車に乗せた荷物を運ぶのに近道をしようとします。そして、先ほどから名前の出ている神代先生に出会います。神代先生は、庭で花に水やりをしています……。

さて、じつはここまでの短いエピソードの中に、すでにいくつかの心理学のテーマが潜んでいます。

一体、どんなものだと思いますか？

まず、彩子が「面倒くさい」と言ってしまったこと。これは、彩子が「感情」をあらわにしたことになります。

彩子が台車で荷物を運ぶ時に、思わず「重っ…」とつぶやきます。この重さを感じたのは「感覚」という機能です。

彩子は重い台車を運ぶのに近道をしようとしました。これは、普通の言い方で表現すると「頭を働かせた」ということです。こうした頭の働きを心理学では「思考」という言葉で表します。

そして花に水をやっている神代先生に出会います。マンガで強調しているところなので、この時の彩子の状態をよく見てみましょう。

まず彩子は誰か（まだ名前を知りません）が花に水をやっているのを目にします。この「誰か」を目にするというのは「知覚」の働きです。特に、視覚の働きです。

花に当たる水の音を聞くかもしれません。これも単なる音を聞くのではなく「水」の音として聞くので「知覚」の働きですが、今度は聴覚の働きです。

花の香りが鼻を刺激するかもしれません。これも単なる匂いの存在を感知するのではなく、「花」の香りとして「知覚」するので嗅覚の働きです。

彩子は、この男性に見惚れたのですから、胸がときめいたことでしょう。そして心臓がドキドキしたのを知覚したのであればそれは内臓感覚が働いたことになります。

つまり、人に出会った時に、彩子が働かせたのは「知覚」の働きで、それを総動員し、その場の全体を受容しました。

そしてその直後に、この男性、つまり神代先生と再会し、「運命の人と出会った」と思うのです。この「運命の人に出会った」という思いも、心理学的に分解できます。

まず彩子は星占いの言葉を覚えていました。これは「記憶」の働きです。

過去に覚えたことを、現実の出来事に照らし合わせて、当たったと「判断」しました。

ここにも心理的な働きがあります。

このように短いエピソードの中に心理学的なテーマがたくさん潜んでいました。

それらは「感情」「感覚」「思考」「知覚」「記憶」「判断」でした。最後の判断は「思考」に含めることもあります。

こうしてみると、**日常のすべての行動に心理学的テーマが潜んでいる**ことになります。

心理学はそれほど、私たちの日常に添った学問ということができるのです。そのあたりをもう少し具体的に見てみましょう。

さまざまな場面に潜む「心理学」のテーマ

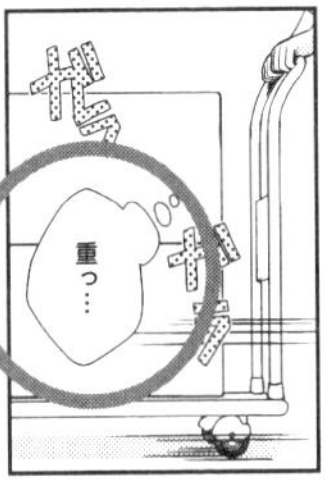

◀「**感覚**」の機能
（14頁）

「**感情**」をあらわにしている ▶
（13頁）

心臓がドキドキしたのを
「**知覚**」
→内臓感覚が働いた ▶
（15頁）

水音を聞く→
「**知覚**」（**聴覚**）の働き（15頁）

誰かを目にしている→
「**知覚**」（**視覚**）の働き（15頁）

◀
「運命の人と出会う」という星占いの言葉を
「**記憶**」していた
→過去に覚えたことを現実のできごとに照らし合わせて当たったと「**判断**」している。

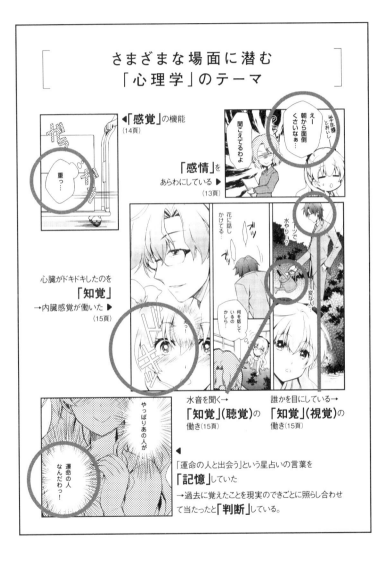

03 心の機能は何のため？

環境に適応するために心が動く

では、これまで述べてきた「感情」「感覚」「思考」などの心の機能は何のためにあるのでしょうか？ **それは環境に適応するためです。**人間は環境に適応するように活動します。

少し想像力を働かせてみましょう。

原始時代、人間は狩りをしていました。狩りをする際に、獲物を追いかける必要がありました。獲物の足跡を見つけ、どのくらい前にそこを通ったかを判断し、追跡し、獲物を見つけたら、臭いを悟らせないように風下から近づき、適度の距離で、槍を構えます。さらに、仲間とタイミングをうまく調整します。こうして狩りを成功させて生き抜きます。

生き残るためにはこうした環境へのかかわりが必要だったことでしょう。

こうした狩りの様子は、現代の私たちと共通したものがあるのでしょうか。

例えば、現代で、待ち合わせをするシーンを想定してみましょう。

女性が待ち合わせして、人ごみの中で視線を移動させて恋人を探します。そして急いでやってくる彼の姿を発見します。この時、彼女には、彼の姿は人ごみの中で浮き立って見えることでしょう。ちょうど狩人が獲物を前にした時のように。時計を見ると、ちょうど約束の時間です。心がときめいて手をあげます。狩人が槍を手にする時にも緊張したことでしょう。ときめきと緊張は異なるように見えるかもしれませんが、どちらも生理的な反応です。

こんな情景は、毎日ありふれたものです。

原始時代の狩りと現代の待ち合わせは突飛な組み合わせですが、遠くの対象を目にとめて、それに働きかけるということでは

生きるために狩りをする

昔は狩りをして生きてきた。動物の後をつけて、風下に回り、臭いを悟られないようにする。うまく位置に着き、対象までの距離を知覚し、その距離に合わせて槍を投げる。用心のために、一緒にいる仲間とは協調して行動する。

同様です。そうした働きかけによって、環境に適応しているのがわれわれ人間です。

「感覚」「知覚」「認知」などの心理的機能は、外界の情報を取り入れるのに使用されますが、それと同時に、狩りの場面で「獲物が見つかった！」、デートの場面では「彼氏が来てくれた！」といった喜びの「感情」も起こっているでしょう。外界の情報の取り入れに感情が絡まり、次の行動への弾みがつきます。このように、心理的機能が相互に緊密につながって、環境への適応が成り立っています。

デートの待ち合わせ

ひとごみの中で、彼氏がやって来るのが目に入る。待ち合わせ時間ピッタリだ。嬉しくて手を振る。

基礎心理学と応用心理学

04

⇩大きく二分するとわかりやすい

さて、彩子の心の動きを見た時に、すでに心の機能を感覚、知覚、記憶、思考などに分けられることがわかりましたね。

ではそれらはどのように心理学全体を構成しているのでしょうか。

まず心理学を大きく基礎心理学と応用心理学に分けてみるとわかりやすいでしょう。

基礎心理学は心の機能を、感覚、知覚、記憶、思考などに分けましたが、これらのそれぞれの機能を扱う心理学に相当します。扱う機能にしたがって感覚心理学、知覚心理学、記憶心理学、思考心理学と呼ばれます。

応用心理学は、具体的な――例えば学校、産業、医療、犯罪などさまざまな現場への心理学の応用を指し、学校心理学、産業心理学、医療心理学などと、おもに扱う現場の名称に「心理学」をつけて呼びます。

⇩基礎心理学をざっくり捉える

では、まず基礎心理学で扱う心の機能について全体的に俯瞰できるように左に図示してみましょう。

この図の横軸は時間軸で、左から右に時間が進みます。人類誕生は左端に示しました。チンパンジーなどで心の仕組みを調べる研究もありますので、人類誕生以前から始めてもよいのですが、ここでは人類誕生からとしました。そのひとつのモデルが先に示した狩りの様子です（40頁）。この時代を生き残るために適応を繰り返す「進化」としてくくりました。要するに進化心理学のテーマです。

実線部分は誕生から死までで、その間を乳幼児期、児童期、思春期、青年期、成人期、中年期、老年期に分け、それら全体を「発達」でくくります。これらはすべて「心理学」をつければ乳幼児心理学のようにそれぞれがひとつの領域になります。

縦の山型の線は活力を示し、成人の真ん中あたりにピークが来ます。これは中年を境に人間の活力が上昇から下降に変化することを示しています。

そして個人内の機能（基礎心理学）として、山型の線の内側に、感覚、知覚、記憶、思考、感情、行動、生理、人格、社会を並べました。感覚から感情までは、さらに「認知」と

基礎心理学と応用心理学の関連

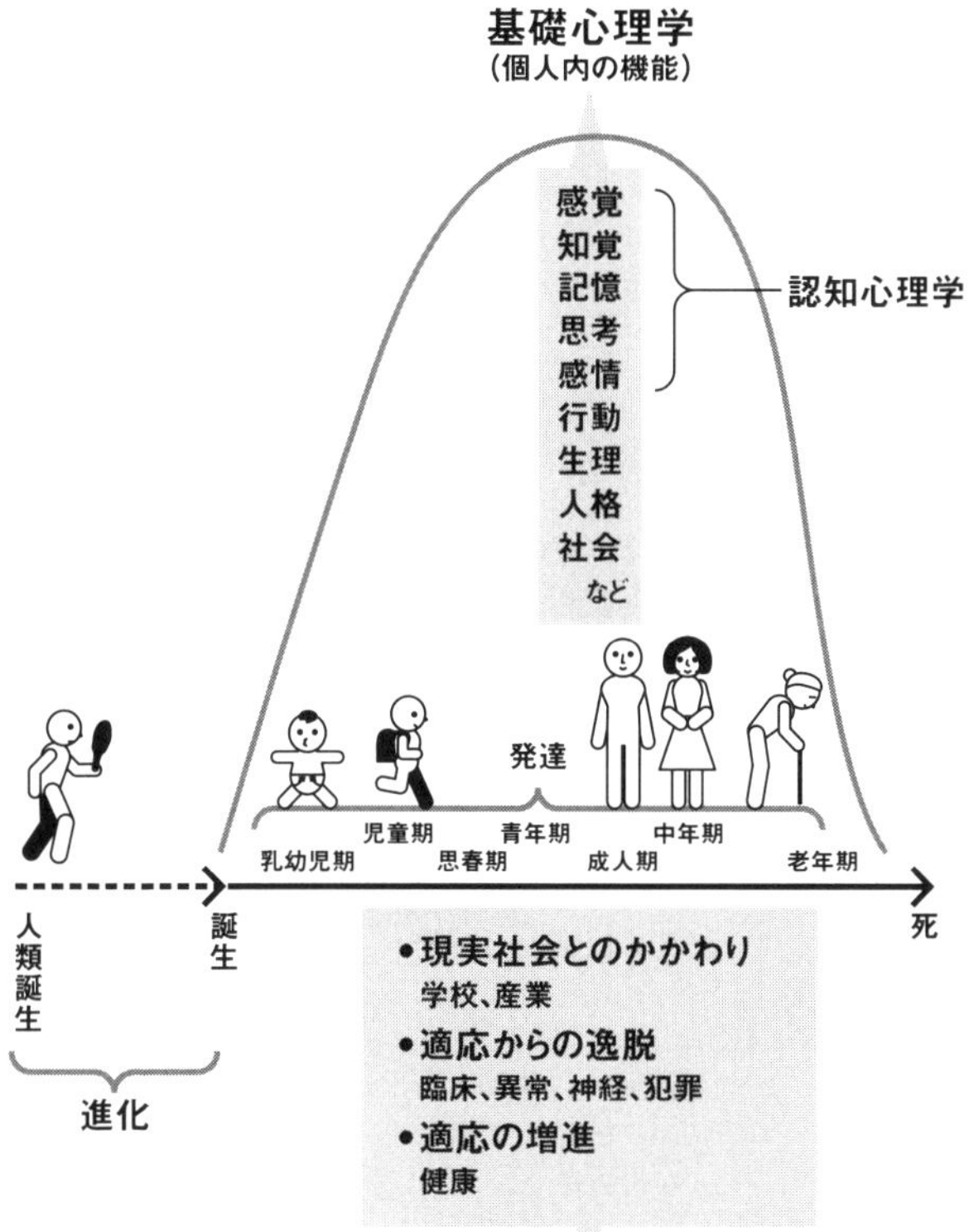

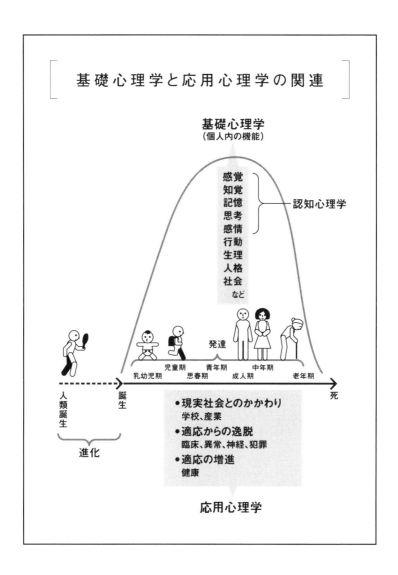

まとめられます。これらの機能も「心理学」をつければ感覚心理学のようにひとつの領域になります。

⇩応用心理学の3つの分類

こうした個人の機能を基礎として、それを土台に応用心理学が成り立ちます。応用心理学は、発達を示した線の下側にまとめました。

応用心理学は3つに分けました。ひとつめは**「現代社会」とかかわる分野**。これには学校心理学、産業心理学があげられます。2つめが医学の対象となるような障害を扱ったり、反社会的な行動を示す犯罪を扱うといったように**「適応からの逸脱」にかかわる分野**で、これには臨床心理学、異常心理学、神経心理学、犯罪心理学などがあります。3つめが日常的な健康状態をより高めるといったような目的を持った**「適応の増進」にかかわる分野**で、健康心理学などがこれに当たります。それぞれの分野がひとつの領域を形成しています。

応用心理学としてあげたものは、例えばスクールカウンセリングが新聞などで取り上げられることが多い学校領域を考えてみましょう。先に述べたように、その学校全体を扱うということになれば学校心理学というように「学校」の名前を冠してひとつの領域を形成しているとみなします。その際に、スクールカウンセリングが不登校やいじめなどを取り扱うとすると、先の分け方で言えば2つめの分野にも含まれることになります。こうした分け方でひとつのものに収まりきれないのも、**応用心理学が、社会という場で人間の心の全体を扱おうとするからでもあります。**

⇩生理心理学とは

心の機能の感覚、知覚などは比較的イメージしやすいでしょうし、彩子の心の動きの中でも説明しました。

その中でイメージがわかないのが生理心理学ではないでしょうか。生理心理学では呼吸や心拍といった生理的な変化と心の変化を対応させて考えます。例えば新入生が同級生たちの前で教壇から自己紹介しようとする時、不安になり、それと同時に呼吸が速くなり、心拍も強くなります。不安が喚起されると生理的な変化が生じます。こうした対応関係を調べるのが生理心理学です。

例えば、48頁の図版を見てください。

頭に電極をつけ、睡眠中の脳の活動を波の信号に変えて導出します。図では、模式的に、頭に電極をつけ、そこから信号が波になって出てきているように示しました。そうした装置を脳波計と言います。夢を見ている時の脳波は独特なものが現れ、眼球も運動します。

脳波や眼球運動の測定が身体の生理的変化を捉えており、それらの変化が起こっている時に夢を見ているという対応関係が示されることになります。

⇩「広範なテーマを扱う」のが応用心理学

応用心理学についてもちょっと見てみましょう。

学校心理学は先に述べたようにスクールカウンセリングといった言葉が一般的になっているように比較的想像しやすいでしょうが、同じようなことは、子どもばかりではなく大人を対象にしても行われてい

睡眠中に……

夢を見た。追いかけられる夢。寝ているあいだにも脳は活動を続ける。その活動は脳波計によって波として計測できる。夢を見る時には眼球が移動する。その動きも計測できる。

ます。それが産業心理学といった領域になります。つまり産業心理学は産業活動で生じる問題を、心理学を援用して解明しようとする領域のことです。

例えば、下の図に示したような職場を考えてみましょう。一番手前の人物は、仕事をしているように見えますが、彼女とのデートを空想して仕事に集中していません。

そんな部下を上司は見ています。上司にとって職場全体をまとめ、営業成績を上げることは重要なことでしょう。

職場の志気を上げることや、リーダーシップを発揮するなどといったことが、産業心理学で問われてきたテーマでありました。

仕事中に……

会社で仕事をしている最中に、彼女とのデートを想像する。約束の時間は6時だ。上司が目を光らせている。仕事をしているふりをしよう。前の同僚は一生懸命仕事をしている。

また、仕事に集中できなくて、徐々に心が沈み、抑うつ的になってしまったとします。仕事に支障が出てきてしまうと、抑うつという心の問題に対処するようなカウンセラーといった専門家が要請されます。これも産業領域での心理学の仕事ですので、産業心理学の枠内で扱われるテーマとなります。

このように、かなり広範囲の心の機能が扱われることになりますので、応用心理学ということになるわけです。

心理学の始まり

05

⇩心理学が学問になってまだ150年弱

神代先生が彩子に対して「心理学は魔法のように人の心がわかるものではない」と言ったことは、すでに触れましたね。

なぜ神代先生はそのように言ったのでしょうか？　それを理解するには心理学の歴史や研究法を知ることです。心を探る探求が一朝一夕でできたものではなく、また、心を捉えようとするには魔法どころか、かなりの工夫がいることがわかるでしょう。

そこでまずは、心理学の歴史と研究法を見てみましょう。

心については古くからさまざまに考えられてきていますが、心理学が学問として位置づけられたのは比較的新しく、19世紀の終わり頃に**ヴント**（Wundt,D.1832-1920）が、ライプチヒ大学に実験心理学の最初の心理学研究室を開設したのがその始まりとされています。彼は自己観察を心理学の方法とみなし、心理学を経験科学であるとしました。意識を要素に分け、その要素の統合によって新たなものが成り立つと考えました。したがって、

心理学の歴史

ヴントの実験心理学

19世紀後半

・世界最初の心理学実験室
・心的現象は要素の総和（構成主義心理学）

20世紀前半

ゲシュタルト心理学	行動主義心理学	精神分析
・ヴェルトハイマー ・運動視の研究 ・全体としてのまとまりを強調	・ワトソン ・ヴントの方法を科学的ではないと批判。心理学の目標は行動の予測と統制であるとした	・フロイト ・神経症の治療実践 ・無意識の強調

認知心理学

20世紀中頃

・コンピューターや情報処理の発達
・人間の心を複雑な情報処理システムと考える

このヴントの心理学を**構成主義心理学**と言います。

しかし、先にも述べたように、私たちの心は常に動いており、留まることがないことは、日常的によくわかります。ですから、心は、「観察するぞ」と思ったとたんに変化してしまっているかもしれません。そんなあやふやなものが科学の研究対象にはならないと批判したのが**ワトソン**（Watson,J.B.1878-1958）でした。**ワトソンは、心理学は計測可能な行動を対象にすべきであると主張しました。**そのため彼の心理学は、**行動主義心理学**と呼ばれました。**行動主義心理学はアメリカで大きく発展し、学習心理学の分野が活発になりました。**動物を使った実験が多く試みられ、特定の行動を条件づける仕組みが検討されました。その具体例は、例えば犬に「お手」をすることを覚えさせる時など、日常的な場面でも見ることができます。脚を人の手に乗せたら餌を与えることを繰り返すと、お手ができるようになります。こうした学習は、学習心理学の実験で、こまかく成立条件が調べられています。

一方、知覚心理学の領域では、**ウェルトハイマー**（Wertheimer,M.1880-1943）らによって運動視の新しい研究が始まり、**ゲシュタルト心理学**に発展しました。

ゲシュタルト心理学ではヴントのように心的現象が要素の総和からなるのではなく、要素に還元できない全体としてのまとまりがあるとみなします。例えば、ひとつの光の点を短時間提示してから非常に短い間隔を開けて少し離れたところに別の光の点を提示します。そうすると2つの光の点の点滅が、ある時間になると、点滅ではなく光の移動として知覚されるようになります。光の移動の知覚（ゲシュタルトの知覚）は、光の点の点滅（つまり要素を集めること）といった要素的なものからは導き出せない全体的な現象であると考えたわけです。

この現象は、日常的には、電車の来るのを知らせる警報器の2つのライトの点滅に見ることができます。

2つの点がどのような時間間隔で最もよく動いて見えるのかの条件については実験的に検討されてきています。

⇩精神分析の創始と認知心理学の始まり

これらの一方で、神経症の治療実践から**フロイト**（Freud, S. 1856-1939）は神経症的症状が無意識的な願望の影響を受けて生じるということを理論化し、**精神分析**を創始しました。

こうしたフロイトの精神分析の考え方は、芸術家たちに大きな影響を与え、無意識の働きによって得られたインスピレーションをもとに自らの創造過程を高めようとするようなことが起こりました。

1950年代になると、コンピューターや情報理論の発展により、人間を複雑な情報処理のシステムとみなす認知心理学が台頭しました。**認知心理学では、人間に提示する情報を細かく決めて、その情報を受けて行う人間の行動を実験的に検討しました。**提示された情報と、その結果の行動との関連から、心の中でどのような情報の変換操作が行われているかを考えました。

こうした歴史的な展開を見てみると、心理学が、実験を中心とした心の検討を出発点に大きく発展していることがわかります。

したがって、実験を中心にした心理学を総称して実験心理学と呼ぶこともあります。

06 心理学をひもとくための4つの鍵

「同じ方法を使えば同じ結果が出る」ことが大切

神代先生がマンガの中で、「心理学は行動の科学である」と彩子に言っていましたが、51頁で紹介したヴントは、心理学を経験科学とみなしていました。心理学の始まりから科学とみなされていたのです。そうすると、**科学であるためには「方法論」が重要です。科学の方法論は、結果の再現性を前提とします。**

簡単に言えば、**「同じ結果が同じ方法を使えば出る」ことが必須**ということです。数学の定理を思い浮かべてください。数学の問題があっても定理を当てはめればうまく解決します。ものごとにもその定理に当たるものがあるはずです。心の定理がわかれば人間の行動も予測できるというものです。

そうした定理を探り出すためには、決まった方法を使えば、決まった結果が出る、という実験データが必要になります。心理学ではそうした実験データを出したいのです。そのためにはどのようにデータを扱えばよいのかといった方法論が重要となります。

その方法論には、おもに実験法、観察法、心理検査法、面接法の4つがあります。

実験法

因果関係を明らかにするための、心理学における基本的な方法です。仮定する原因（独立変数）を想定し、それを明らかにするためにうまく考えられた方法で実験参加者に課題を遂行するように求めます。遂行が行動によって目に見えるように示されるわけですが、これを従属変数と言います。通常は、例えば、線分の長さ（これを「刺激」と言います：独立変数）などが提示され、それを系統的に変化させ、それに対する判断（従属変数）などを求めます。そして独立変数と従属変数の関係を明らかにしてゆくことになります。つまり、線分の物理的長さと、その心理的な判断との関係を見ていくわけです。実験法については、Ｐａｒｔ１で詳しく説明します。

観察法

実験法においても、研究者は参加者の行動を観察し記録するので、広い意味では観察法のひとつなのですが、そうした実験操作を加えないで行うのが自然観察法と呼ばれるもののです。研究者は特定の仮説を持ち、それを証明すると考えられる行動の生起を、自然な場面で調べることになります。観察法については、Ｐａｒｔ２で詳しく説明します。

心理検査法

心理検査を使用して性格や知的能力を測定するものが心理検査法と呼ばれるものです。

心理検査は標準化と言われる手続きを経たもので、信頼性と妥当性が確認されているものを言います。標準化された心理検査の結果は、心理検査のマニュアルに示された「標準点」または「換算点」をもとに相対評価されます。例えば、知能指数（ＩＱ）ならば、平均が１００で表わされ、１１０以上が平均の上、１２０以上が高いと判断されます。

信頼性は同一個人に同一の検査を実施した時に一貫した結果が得られる程度のことで、妥当性は検査が測定しようとしたものを実際に測定している程度のことを言います。

心理検査法は標準化された心理検査を使用するものですが、調査用紙を使用して態度、意識などについての測定が行われることもあります。これは調査法と呼ばれるものです。

調査法では、調べたいテーマについて事前に質問事項を決定し、質問事項を文章化することで、回答者がそれらに対する賛成や反対の程度を回答できるようにするものです。

彩子が神代先生に「雑誌の心理テストはエセ心理学だ」と批判されたのは、その心理テストが標準化の手続きを経たものではなく（具体的には、標準得点または換算点が示されてはいない）、信頼性、妥当性の確認がなされていないものだという意味だったのです。心理検査法については、Ｐａｒｔ３で詳しく説明します。

面接法

面接法では、直接相手に向かい合うことで、相手の感情や態度を捉えようとします。事前に質問する内容を決めておく場合もありますが、そうでない場合もあります。面接法についてはＰａｒｔ４で詳しく説明します。

以上見てきたように、心理学は、実験的方法がその歴史的な始まりにあったわけですが、その他にもいくつかの方法があることがわかりましたね。それらの方法はいずれも目的、対象に合ったものが選ばれ、行動の法則性を知るために使われます。法則性を導くためには、まずは法則が何かあるはずだとの仮定が必要です。

神代先生が彩子に「見たまま長く記憶しておける能力」を仮定したのがそれに当たります。仮定が証明されれば、行動の予測が可能となるはずです。

しかしながら、人間の行動の規則性は確率的で、１００％の予測ができるわけではありません。そのため心理学の研究では統計的方法が使われます。

科学的方法の特徴には客観性があげられます。つまり複数の客観的な観察を行うことで、事象の確からしさが増すわけです。

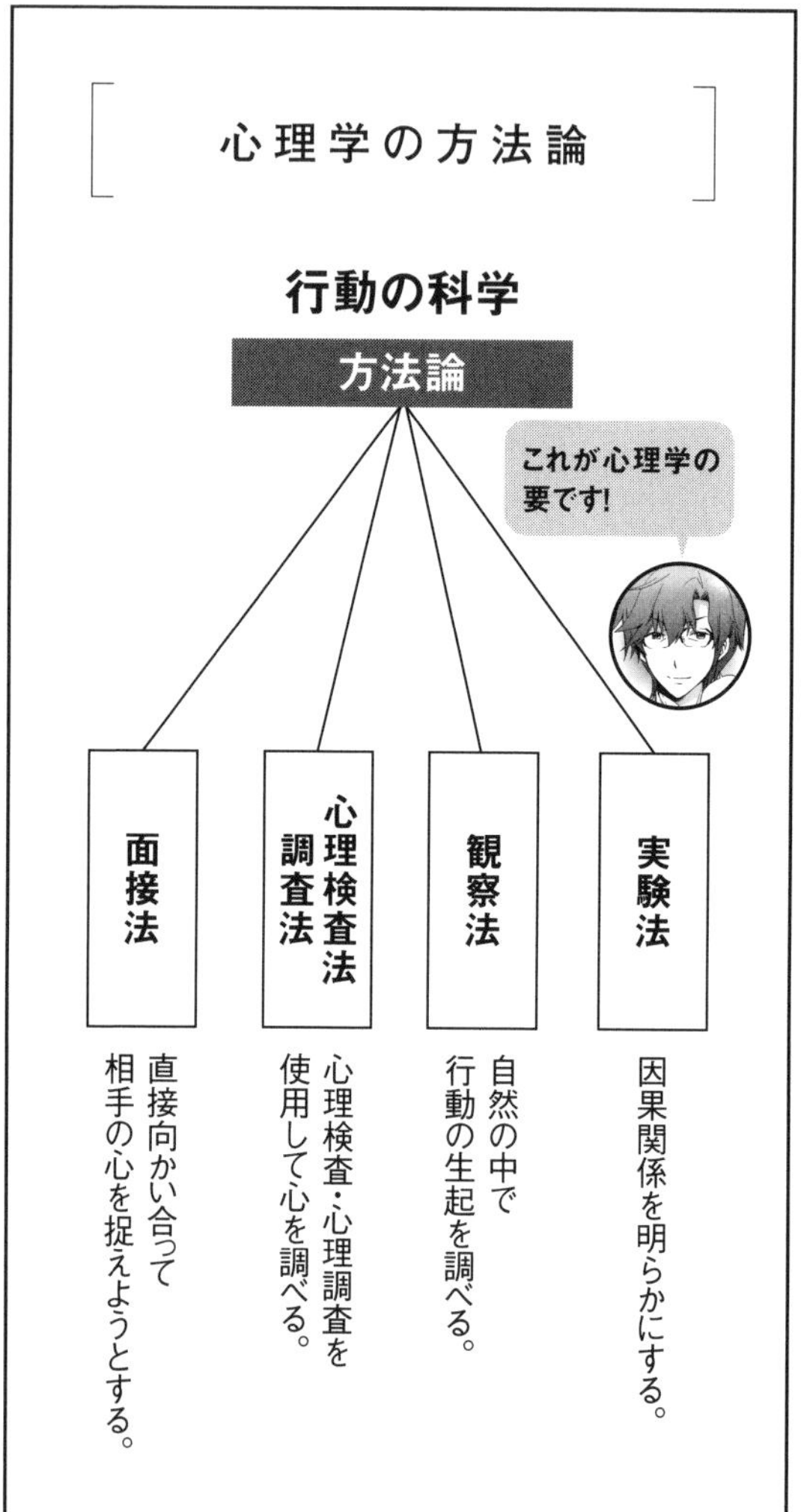

心理学の方法論
行動の科学
方法論
これが心理学の要です!
実験法
因果関係を明らかにする。
観察法
自然の中で行動の生起を調べる。
心理検査法調査法
心理検査・心理調査を使用して心を調べる。
面接法
直接向かい合って相手の心を捉えようとする。

Part 1

ものを知る働き

――実験を中心に――

Story 1
彩子 迷子になる

すぐ行きますっ
あっ お願いした仕事すませてからにして！
だっ
はい！今データをお送りしました！
ピッ
えっ もう!?
終わってる
先生〜♡
タタタタタタタ
仕事はできる子なんだけどね〜
わかりやすいわねぇ…
はー
廊下は走っちゃダメよー
先生が私に用がある
先生が私に…！
神代 祐介 研究室
すーはー
すーはー
先生！遠藤です！
ガチャッ

ああ
早速ですが
やってほしい
ことがあります
はい！
なんでしょう？
では
こちらに座って
ください
メモリスパンテスト
す…
これからPC画面に
20から30の単語が
ランダムに並んでいる
画像が出ます
それをこの紙に
書き出してください
なんだか
面白そう！
画像を一瞬で
記憶する能力
それが
本物かどうか…
これでわかる…

2 31
パッ
7 6
5
パッ
3
1
5
4 2
18
21
パーッ
スラ
スラ
サラ
サラ
サラ
サラ
18
当たってました?
全問正解…
これは…
本物だ
わーい
ええ
まあまあ
ですね
やった!
いや
断定するのは
まだ早い
もっと観察をして…

RRRR
ああ私です
カチャ
資料？この大学にあるかもしれない？
…わかりました探してみます
この資料が大学にあるそうですが…
えーと…
改築予定のF棟の図書室にありますね
前に整理した時に見ました
まだ引越ししていないはず…

F棟
(図書室)
E棟
食堂1
食堂2
D棟
C棟
管理棟
(時計台)
中庭
運動場
B棟
広場
A棟
(心理学科)
正門
F棟へは距離があるので夕方の空いた時間でよろしければ私が案内します!
大学構内の地図は全部頭の中に入っていますから!
F棟へ向かう道……
カーン カーン
ドドドドド
ガガ
新学部校舎建設予定
○×建設株式会
ガガ
ががが…
オーライ
オーライ
←迂回路

カーン
ガッ ガッ ガッ
すいません向こうのF棟に行きたいんですが…
あ 今ならここ通れるよ
工事の車が来ちゃうから早くね！
か 帰りはどこを通れば…
パパーーッ
新校舎建設工事中
F棟
C棟
工事用道路
あっ うん
本当の迂回路はむこうの地下通路ね
オーライ
オーライ
はい 早く行った行った
ガターン
工事中通行止め
ふー！
急いでいて帰りの道を確認しませんでしたね

新校舎建設工事中
※工事用道路設置につき 地上通路通行止め F棟・食堂へは旧・地下通路をご利用ください。
F棟
(図書室)
食堂2
工事用道路
地下へ
C棟
管理棟
(時計台)
あっ 見ました
私 一度見たら 忘れないんで ばっちりです まかせてください
そうですか
スタスタスタスタ
ガーン
着きました!
ここが F棟です

では
早く行って
資料をとって
きましょう
雲行きも
怪しいですし
スタスタスタ
タタタ
あ ほんとだ
はーい
ゴロゴロ…
無事
資料ゲット!

迂回路って
ふだんは閉まっている
昔の地下通路よね
F棟は
入り口の左上に
あったから
新校舎建設工事中
※工事用道路設置につき
地上通路通行止め
F棟・食堂へは旧・地下通
ご利用ください
F棟
(図書室)
食堂2
工事用道路
地下へ
んーと
帰りは逆の
左下へ向かえば
いいわね
タ
歩行者用通路
わ
暗っ…
トントン…
えーっと
左の方
左の方

タタッ
ここを上がれば…
はい到着……
どど～～ん
あ　あれっ？ここどこ？
私が道を間違えた？
まさか…
そんなこと今まで一度もなかったのに…
ポツ
ポツ
いやっ雨！

あせっ
あせ
ぬぎっ
いけない
濡れちゃう！
……
これ貴重な
本なのよ～
君の上着が
濡れますよ
大丈夫
です！
私の服より
本のほうが
大切ですから
服は後で
洗いますし
それでは
体が冷えますよ
わっ
!!!
あちらの木陰で
雨宿りできそう
ですね
!!!
※声にならない

ザァァァァァァ
落ち着いたら
なんだか
へこんできた…
ずーん
先生　すみません
私にまかせてって
言ったのに…
これじゃ
ただの
足手まとい…
仕方ない
ですよ
君が迷ったのは
錯視のせいだと
思いましたから
ぱちくり
えっ
錯視？
錯視とは
簡単に言うと目の錯覚です
錯視にもいろいろありますが
今回はおそらく
ポッケンドルフ錯視でしょう
ポ…？

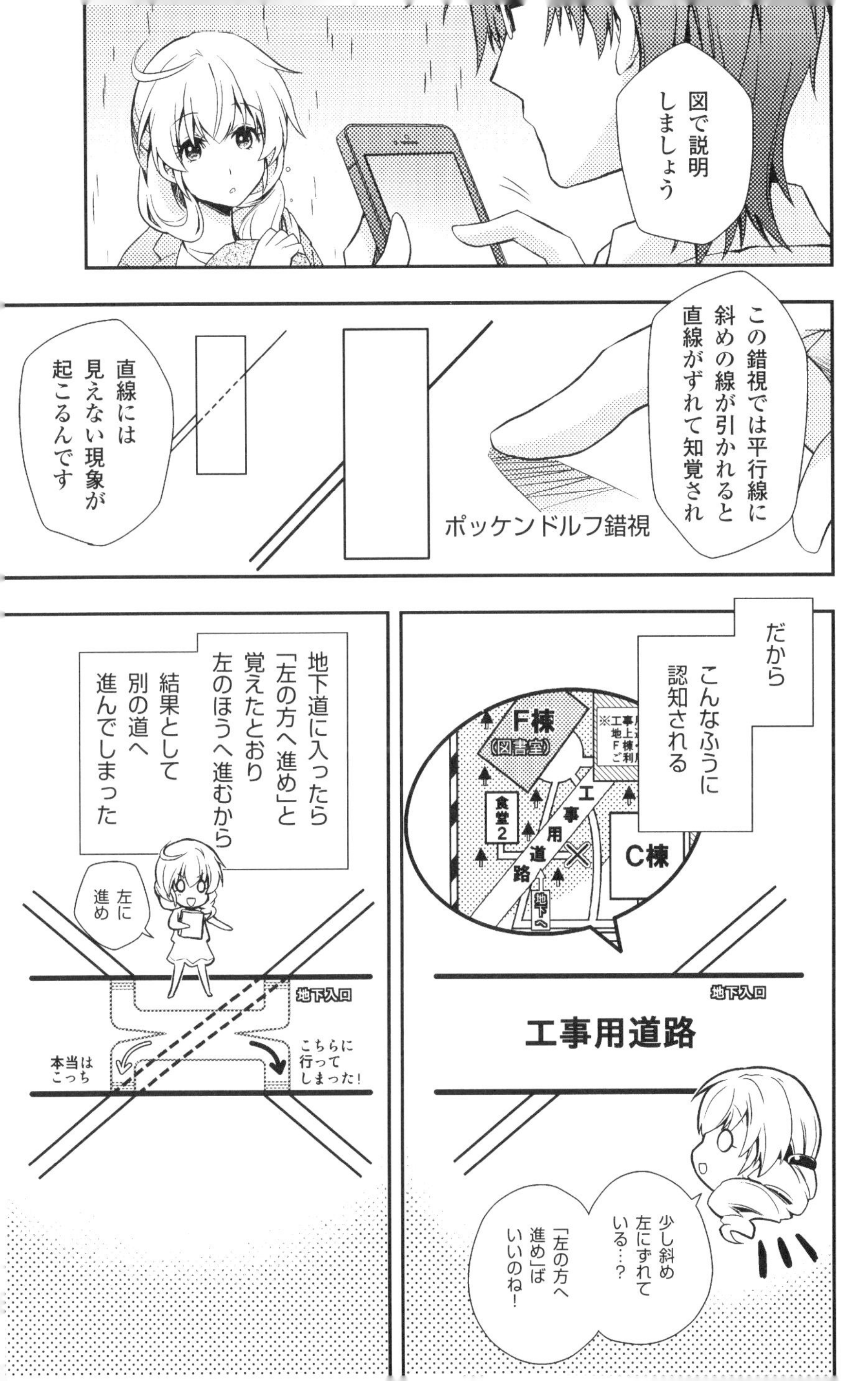
図で説明しましょう
この錯視では平行線に斜めの線が引かれると直線がずれて知覚され
直線には見えない現象が起こるんです
ポッケンドルフ錯視
だから
こんなふうに認知される
F棟
(図書室)
食堂2
工事用道路
C棟
地下へ
地下入口
工事用道路
少し斜め左にずれている…？
「左の方へ進め」ばいいのね！
地下道に入ったら「左の方へ進め」と覚えたとおり左のほうへ進むから
結果として別の道へ進んでしまった
左に進め
地下入口
本当はこっち
こちらに行ってしまった！

ほかにも
頭の中の地図を
映像で記憶していた
からこそ
行きと帰りで
方向を間違えたり
地図を見た時
F棟
帰りは
左斜め下方向に
向かえばいいのね
ところが…
F棟
帰り道は
右斜め上方向に
行かなければ
いけなかった
地下道なことと
雨のせいで
視界が悪かったなど
いろんな要素が
合わさって
迷ったのでしょう
じゃあ
私
錯覚と勘違いで
迷ったって
言うの？
どよ～ん
ならもう
どうしようも
ないじゃない…
記憶力が
良くても
こっちです
えっ
神代先生…？

先生！
むやみに歩いちゃ
余計に迷っ…
スタ
スタ
新学部校舎建設予定
○×建設株式会社
←迂回路
ここ…
さっきの…！
神代先生
ひどいです！
道　知って
いたんですね！
いいえ
初めての
道です
じゃあ勘？
鋭すぎです！
こんな時は
ランドマークを
目印にするん
ですよ

例えば…
あれ
大学の
時計台？
あれを目指して
歩いたので
目的地に到着できました
ルートがわからなくなったら
方向を知る手がかりになる
ランドマークを探すことです

ポツ
ポツ
サァァァァ…
雨
やみましたね
あ…
すっ
さっ
さ
案内
ごくろうさまです
スッ
私は戻るので
君も自分の仕事に
戻ってください

コッ
くるっ
コホン
ああ 君
は はい
毎日用もないのに
研究室に来られては
迷惑なので
次からは植物たちの
世話をしてくれますか

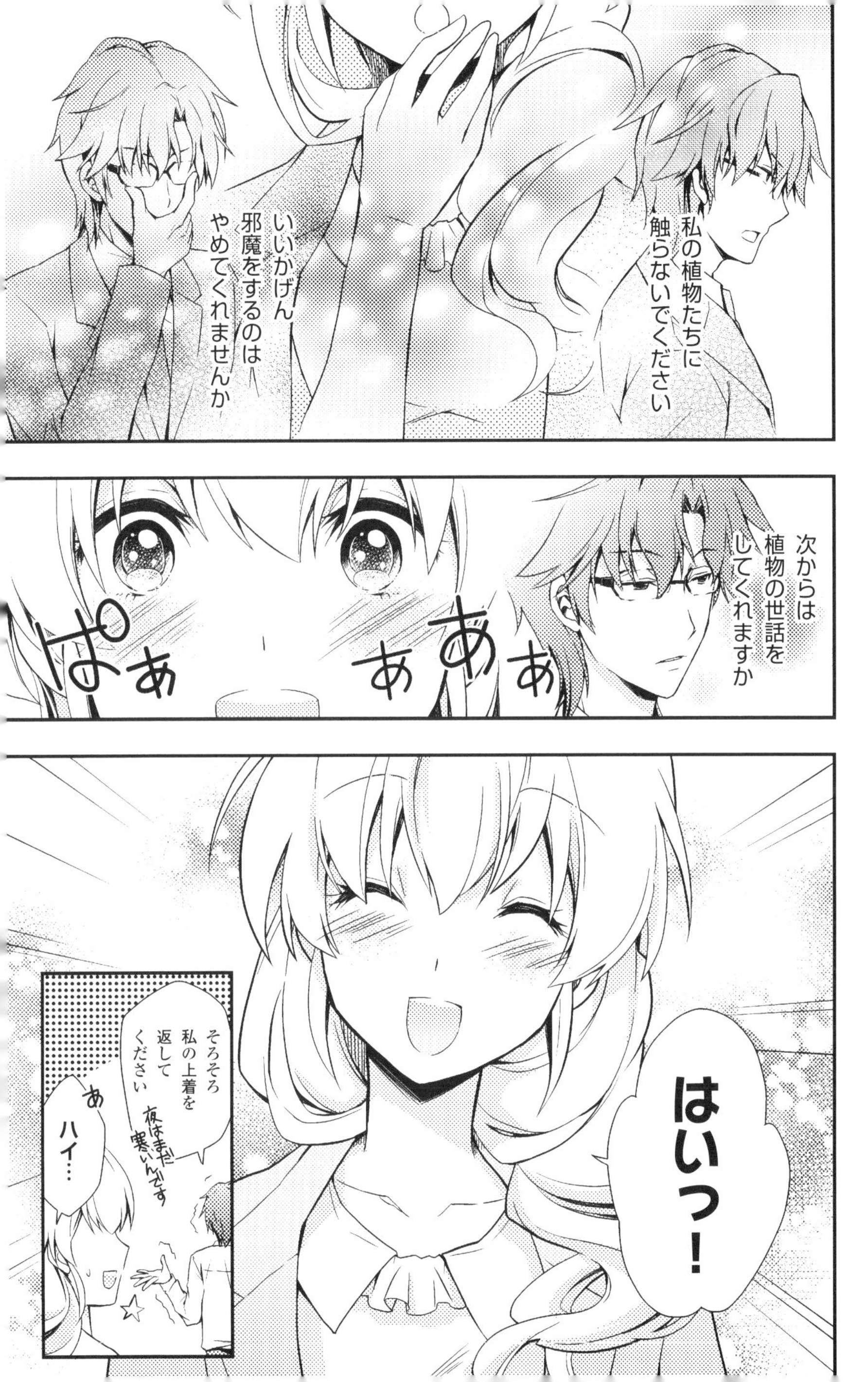

私の植物たちに触らないでください
いいかげん邪魔をするのはやめてくれませんか
次からは植物の世話をしてくれますか
ぱぁ
ぁあぁ
はいっ！
そろそろ私の上着を返してください
夜はまだ寒いんです
あ
ハイ…

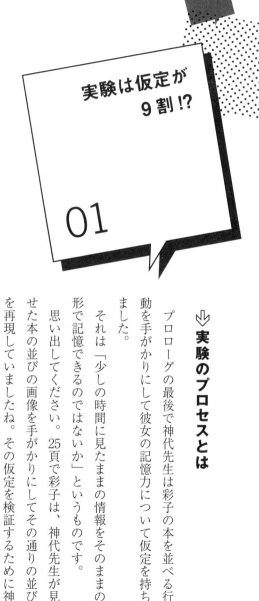

01 実験は仮定が9割!?

実験のプロセスとは

プロローグの最後で神代先生は彩子の本を並べる行動を手がかりにして彼女の記憶力について仮定を持ちました。

それは「少しの時間に見たままの情報をそのままの形で記憶できるのではないか」というものです。

思い出してください。25頁で彩子は、神代先生が見せた本の並びの画像を手がかりにしてその通りの並びを再現していましたね。その仮定を検証するために神代先生が彩子を対象にして、実験をするというのがＰａｒｔ１の始まりです。

神代先生が用意したのはパソコン上に瞬間的に文字列が提示されるというものでした。彩子は、その文字列を見てすぐに用紙に書き出します。

この場面を実験の実際として振り返ってみましょう。

まず神代先生は、仮定にしたがって、短い時間だけ提示する情報を用意しました。つまり実験に使用する「刺激」を作成しました。次いで、これをパソコン上で短い時間だけ提示できるように条件を整えました。これで「刺激提示」ができるようになりました。神代先生はこうして整えられたパソコンの前に彩子を座らせて、彼女のやるべきことを伝えます。これは「教示」と言います。彩子は教示にしたがって、提示された刺激の文字列を用紙に書き出しました。これが「反応」に当たります。神代先生はこの反応を集めて結果を出し、その結果について解釈します。「仮定は支持された」と。ただ、彼は、まださらなる確認が必要だと慎重な発言をします。

　マンガで示された刺激は数字でした。数字が提示された条件では、彩子はスラスラと反応ができていました。しかし、神代先生は慎重でした。「まだ早い」と考えました。なぜでしょう？　それは「『見たままの情報』をそのままの形で記憶できる」との仮定を検証するためには「見たままの情報」を1種類だけではなく複数用意して調べることが必要だからです。ですので、次には文字、単語、図形などを用意して調べることになるでしょう。「実験の流れ」の図（84頁）では、「不支持」として矢印を示していますが、この矢印で示した実験の繰り返しによって確実な結果が得られることになります。

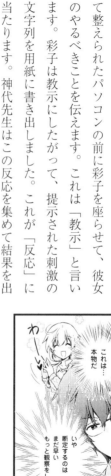

実験の流れ

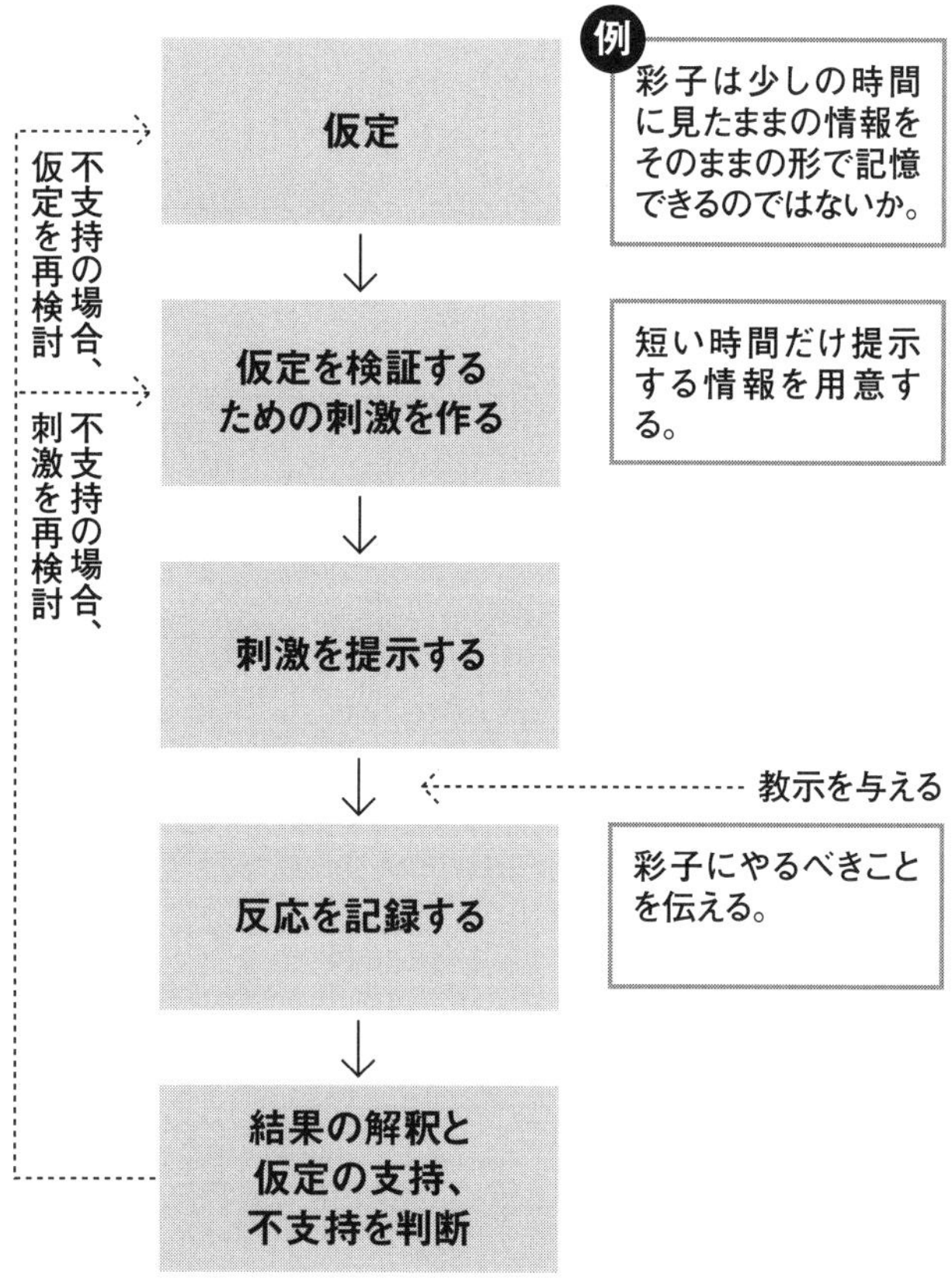
仮定
例
彩子は少しの時間に見たままの情報をそのままの形で記憶できるのではないか。
仮定を検証するための刺激を作る
短い時間だけ提示する情報を用意する。
刺激を提示する
教示を与える
反応を記録する
彩子にやるべきことを伝える。
結果の解釈と仮定の支持、不支持を判断
不支持の場合、仮定を再検討
不支持の場合、刺激を再検討

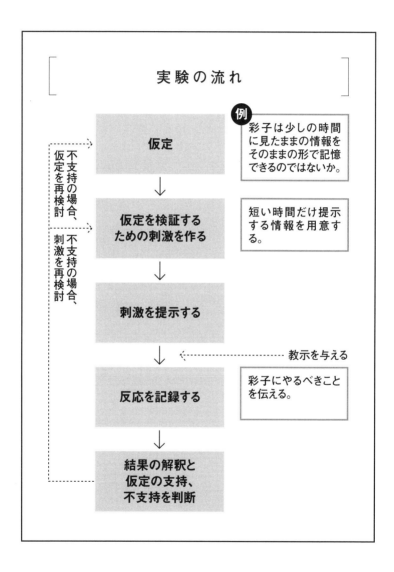

⇩メモリスパンテストと直観像記憶

さて、神代先生は、実験課題を「メモリスパンテスト」と呼んでいました。「メモリスパン」とは記憶範囲のことで、例えば、電話の番号を聞いてその場で電話することを想像するとわかりやすいでしょう。通常は、電話番号を聞いてかけたとしても、その後その番号を思い出すのは難しいものです。たいていの場合は、覚えても、すぐ忘れてしまうでしょう。

そうした一度聞いた電話番号を電話する時間だけ覚えているように、**非常に短時間だけ覚えている記憶のことを「記憶範囲」と言います**。**数字であれば、一度に聞いて覚えていられる数は、大体7個です**。そしてその上下2個の範囲、つまり7±2個が記憶範囲と考えられています。このことをミラー（Miller, G.A. 1920-2012）という心理学者が「マジカルナンバー7」と呼び、有名にしました。

こうした記憶範囲が、7±2どころではないような人物が映画に登場することがあります。よく知られたところでは、俳優のダスティン・ホフマンがアカデミー主演男優賞を獲得した映画「レインマン」（1988）のレイモンドです。彼は、**瞬時に細かな情報を記憶できていました。そうした能力を直観像と呼ぶことがあります**。レイモンド同様に、

直観像に関する実験

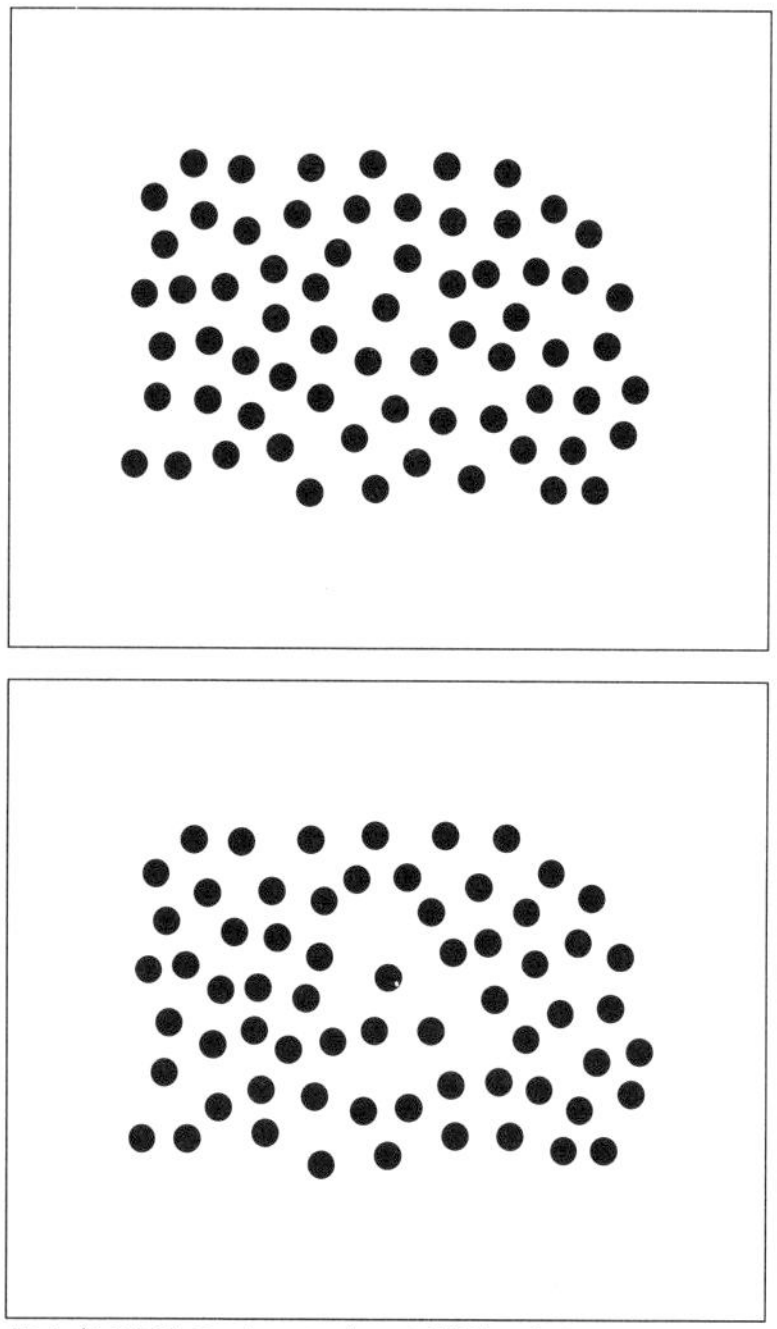

梅本(1992)のストロメーヤーの引用による

彩子の記憶もそうした直観像のようなものだと思われます。

直観像に関しては、面白い事実があります。

右（86頁）の2つの図を見てください。直観像をもつ人は見たままを記憶できますので、見たままの映像を重ねることもできます。ランダムに見える点がたくさんあるものを、2枚それぞれを記憶して、それらを重ねると数字が見えるようにしておきます。一般の人は、数字があることすらかわかりませんが、直観像をもつ人には、そこにある数字がわかります。

「86頁の上下の図を重ねて見ると……」

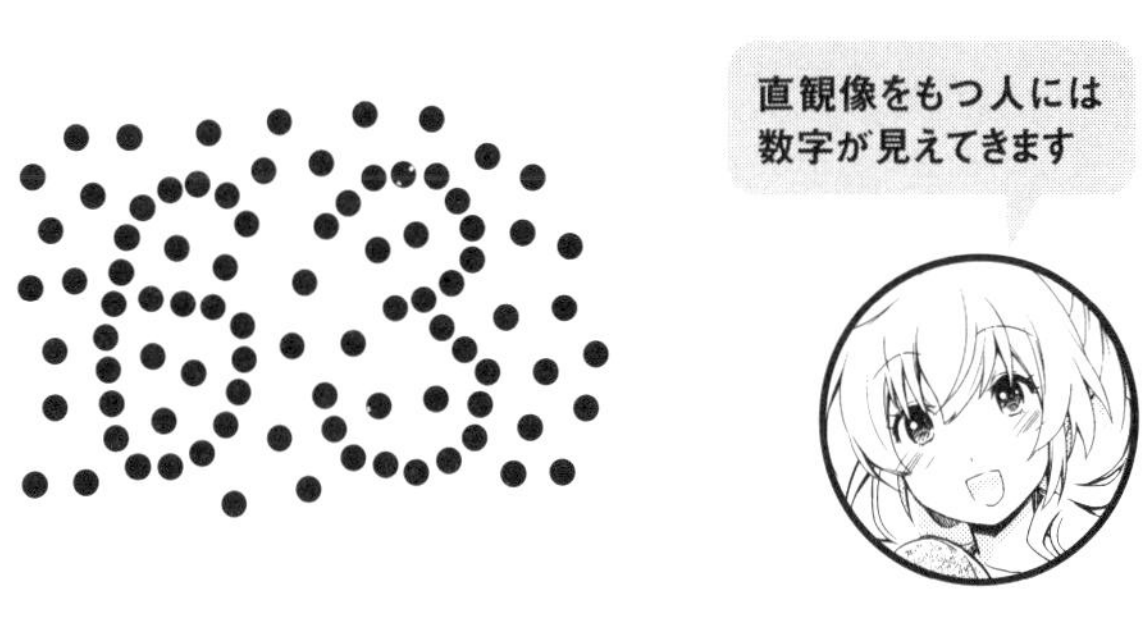

私たちは刺激なしにはいられない

02

もしも「何もしないで過ごしたい」願望がかなったら……

さて、私たちの周りにはたくさんの刺激がありま す。毎日、たくさんの刺激に取り巻かれて生活してい ますので、それで何も不思議に感じません。

しかし、まったく刺激がないような状態におかれたらどうなるでしょう。

たまに想像しませんか？　何もしないでこのままいつまでも寝ていられたら幸せだろうな、一度でいいから時間を気にせずゆっくり寝ていたい、などと…。

物心ついたころから、時間に合わせて行動するように育てられ、朝には規則的に起き、夜には定刻に寝るようにしつけられてきたものです。学校には始業時間があり、大学では時間の自由はあったかもしれませんが、会社に入ればやはり時間に追われます。時間にコントロールされている感がありますので、ゆっくりしたいと思うのは人情です。

そうした思いをかなえてくれるような実験が行われたことがありました。

それは１９５０～60年代に盛んで、その後比較的関心が弱まった実験です。そのひとつの方法は、音の聞こえない防音室で、ただ寝ていればよいという内容でした。

　これだけ聞くといつまでも寝ていられるように思います。

　ただし、実験者には、音が聞こえないばかりではなく、手にはカバーがかけられて何にも触れられないようになっており、目にはプラスチックの目隠しがされます。そのため光はわかりますが、形のあるものは知覚できなくされています。

　こうした状態で食事と用を足す以外はただ横たわっていればよいというものです。

　忙しい現代人には望んでも得られないような時間が得られるのです。何時間でも大丈夫……。しかもかなりのアルバイト料が手に入る。願ったりかなったり！

感覚遮断の実験

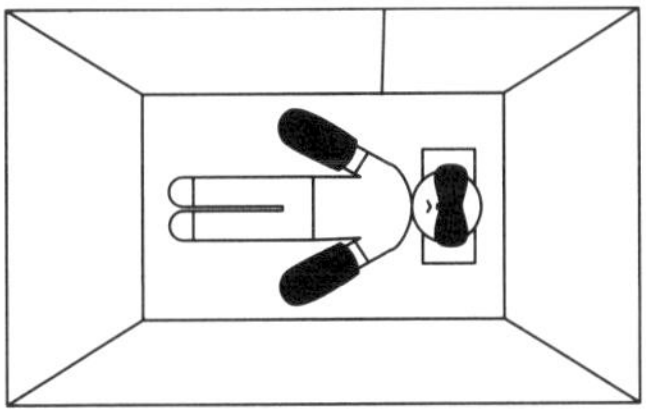

手にはカバーがかけられ、目にはプラスチックの目隠し。こうした条件で寝ていればよい。

と、思いきや、多くの参加者は耐えられなくなって予定より早く実験を切り上げてしまいました。中には、ものが考えられなくなり、精神が不安定になり、時には幻覚が生じることもあったのです。

この実験の示していることは、「人間が刺激をいかに求めているか」ということでした。言い換えれば、**人間は、刺激なしには生きられないのです**。この実験は感覚遮断の研究として有名です。感覚が遮断されてしまうと人間は精神の安定が保てなくなるのです。

人がものを見る時のクセ①まとまりと空間

03

まとまりのあるものとして見るのはなぜか

さきほどは、人間がいかに刺激を求めているかを紹介しました。では、私たちの周りの刺激は、物理的な状態がそのまま心理的に再現されるものなのでしょうか。

じつはそうではないということが示されています。と言うのも、**人間の知覚は、ものをまとめてしまう働きがあるのです。**

なぜまとめてしまうのでしょうか。

それは**世界を効率的に認識するため**です。

その**まとめてしまう働きを、知覚心理学では図と地の知覚、主観的輪郭、知覚的群化などとして説明しています。**

図と地の知覚と言うと、何やら難しいことのようですが、「図」と言われればわかるでしょう。

図を描くとすると白い紙の上に鉛筆で図形を描きます。その白い用紙の上の描かれた図形がここで言う図であり、白い用紙が地になります。こうした図と地の関係は白地の上の図形だけではなく、図形と図形が重なったようなものでも、同様に考えることができます。上側にあるように見える図形の方が図で、背景にあるような図形が地となります。

ですので、図と地の知覚では、図になったものが地になったものの前にあるように見え、しかも地になったものより図になったものの方が鮮やかに見えます。

驚いたことには、図になるものは必ずしも輪郭線で囲まれている必要がありません。そうした現象は、主観的輪郭と呼ばれます。確かに、**主観的輪郭ができていると白い図が浮き立って、地の前面にある**

主観的輪郭の例

ように見えます。

さらにいくつかの図形が存在すると、その図形間の関係で、ひとまとまりに見えてしまうことがあります。**ひとまとまりに見えることを知覚的群化と呼びます**。

まとまって見える要因には、似たものどうしがまとまる**類同の要因、**近くにあるものがまとまる**近接の要因**、閉じた領域をつくるものがまとまる**閉合の要因**、なめらかな連続をなすようなものがまとまる**よい連続の要因**、よい形になるものがまとまって見える**よい形の要因**などがあります。

以上のものは、図として浮き出るとかまとまるというように目立つようになる働きでしたが、かえって差異を際立たせようとする働きもあります。それが**幾何学的錯視**と言われるものです。

このパートのマンガではポッケンドルフ錯視を取り上げて、彩子を道に迷わせることになりました。この錯視は、平行線と斜めに交わる直線が、直線ではなく食い違って見えるというものです。

幾何学的錯視の例

●ミュラー・リヤー錯視

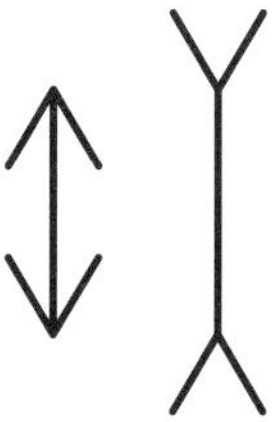

それぞれ外向き、内向きの
矢印がついた同じ長さの線は、
外向きの矢のついたものの方が
短く見える。

●ヘリング錯視

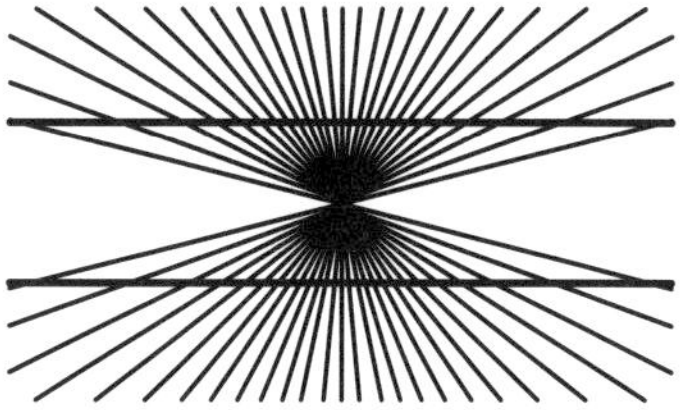

背景の斜線の影響で、
平行の2本の線が
湾曲して見える。

●エビングハウス錯視

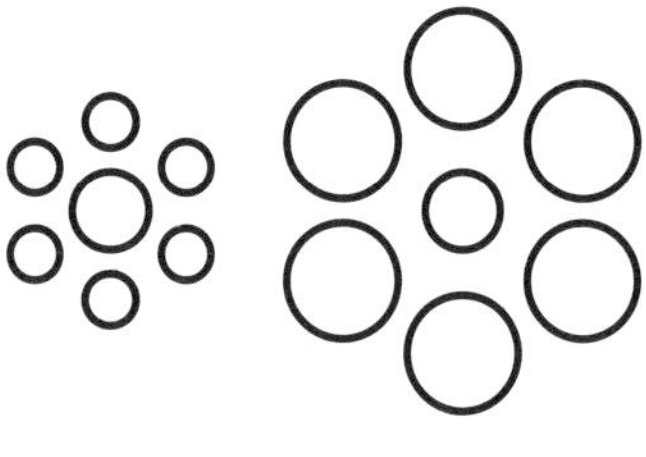

同じ大きさの2つの円。
周囲に小さな円を置いた円よりも、
大きな円を置いた円のほうが
小さく見える。

その他の錯視には、外向きの矢と内向きの矢がついた同じ長さの線は、外向きの矢のついたものの方が内向きの矢のついたものよりも短く見えるという**ミュラー・リヤー錯視**、平行線が曲がっているように見える**ヘリング錯視**、同じ大きさの円でもその周囲に小さい円が並んでいるものでは、大きい円が並んでいるものより大きく見える**エビングハウス錯視**があります。

錯視にはこのほかにもたくさん見出されています。

こうした錯視は、現実の知覚を歪めているように見えますが、**大きさや方向の区別をわかりやすくする働きもあるでしょうから、本来人間にとって適応的に働いていたものであったと考えられます**。現代の生活に当てはめてみると、例えば、エビングハウス錯視が示すように、まわりにあるものとの対比で印象が変わることを応用して、太っていても痩せて見えるような服装を選ぶことができるでしょう。

⇩空間として見る

さて、次に、空間をどのように見ているのかについて述べてみましょう。

現実空間の知覚というよりは、ここではマンガ、つまり絵から学ぶことが中心になっていますので、空間知覚の絵画的な手がかりを紹介したいと思います。絵画はもともと2次元ですが、そこに3次元的な印象を作り出すことができます。そのための工夫が「絵画的な手がかり」です。それらには「**親しみのある大きさ**」、「**大気遠近法**」、「**陰影**」「**重なり**」、「**肌理《きめ》の勾配**」、「**線遠近法**」があります。

「親しみのある大きさ」では、人や家など私たちがよく知ったものについて、大きさを知っているので、小さく描かれていれば遠くに、大きく描かれていれば近くにあると知覚されます。

「大気遠近法」では、自然場面で遠くの山並みを見てもらえばよくわかると思いますが、遠くの山々はかすんで見えます。これは大気中の汚れによって光が届きにくくなっているためですが、それを絵画的に再

空間知覚の例

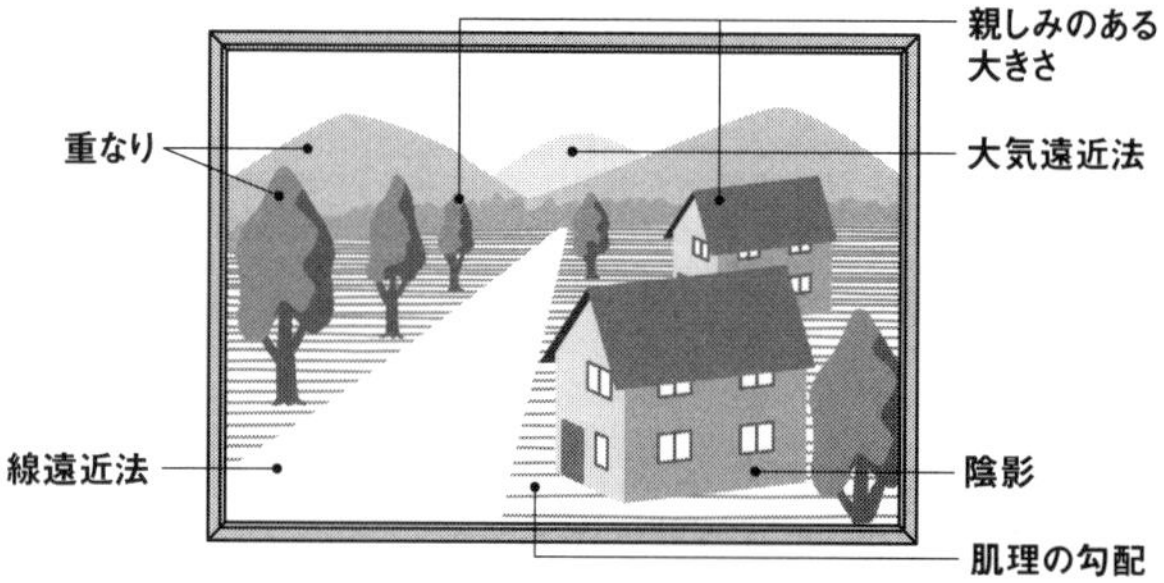

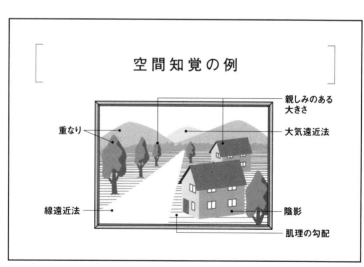

現すると、遠くにあるものをぼやかして描けば、大気遠近法にしたがった空間表現となります。

「陰影」は影をつけるということです。建物にでも影をつけると立体に見えます。これも絵を描く時に、よく使う手です。

「重なり」は、先ほどの図と地の知覚で説明したことの再現です。重ねたものは、重ねられたものの前にあるように知覚されます。

「肌理の勾配」は、近くにあるものは粗く描かれ、遠くにあるものは密に描かれるといった工夫です。肌理の勾配にしたがった絵画の表現技法になります。

「線遠近法」は、平行線が遠くで交わるように描かれる方法にしたがったものです。

こうした絵画的手がかりを使用すれば2次元平面にも3次元的な空間が知覚されることになります。

04 人がものを見る時のクセ②因果関係

あるはずのない「動き」が見えるわけ

現実空間には、さらには運動があります。ここでは因果関係の知覚を取り上げたいと思います。

因果関係の知覚では動きのアニメーションの中に現実には描かれていない因果関係が知覚されます。

2つのAとBという四角を想像してください。Aの四角が左から右に移動してきて、静止しているBの四角に接触します。Aはそのまま止まり、Bの四角が右の方向に動き始めます。こうしたアニメーションを見たとします。

何が見えるでしょうか?

こうしたアニメーションを見ると、多くの人が、AがBを突き飛ばしたというように知覚します。AやBの速度、停止時間などを変えてゆくと、押したり、あるいは動きを触発したりといった印象を生起させます。

さらには幾何図形の運動から、その幾何図形が意志をもつかのように知覚されることもあります。動いている幾何図形間の関係で、追いかけている、逃げている、好意をもっている、敵意をもっているといった社会的な因果関係が知覚されます。

このように、知覚では、「見たまま」の物理的な刺激をそのまま受け取るのではなく、あるまとまりをもって受け取り、そこに、「追いかけている」などといった意味をも受け取ることができます。

因果関係知覚の例

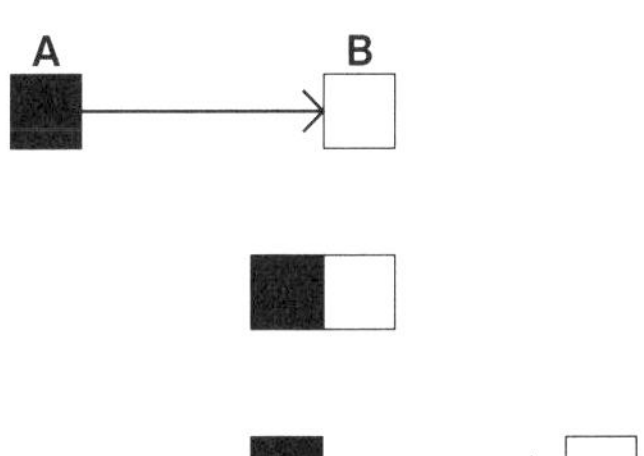

人がものを見る時のクセ③ 物語

05

刺激とセットで必要な「物語」

さて次に、知覚から、より高次な心の働きに移ります。話をわかりやすくするために、私たちが常日頃接するTVや小説などを考えてみましょう。あるいはマンガやゲームでもよいでしょう。毎日、娯楽に接し、事欠くことはありません。こうした娯楽に接して楽しむためには、何が必要でしょうか。

現実空間の中に刺激がないと生きていけないというのはすでに述べたとおりです。しかし、日常的な私たちの生活を見ているとそれだけでは不足のようです。どうも「物語」が必要なように思えてきます。

人と出会って、その人に興味をもつと、その人の歴史を知りたくなり、いろいろ探ります。ただ、「その人」としてよりは、「歴史をもった人」として親しみをもちたいのです。つまりその人らしい「物語」を知りたいということなのでしょう。

こうした**物語を知ることに関するテーマとして心理学の中には、文章理解がありま**

す。

例えば、次の文を読んでみてください。

「やり方は簡単です。まずいくつかに分けます。量によってわけることもできます。次に行う装置がないと、移動しないといけませんが、そうでなければ準備はととのったことになります。問題なのは、多くない方がよいということです。多すぎるよりは少なすぎる方がましというものです。最初は、この作業は、面倒なように思えるでしょうが、すぐに日常になります。作業が終われば、またいくつかに分け、決まった場所にしまいます」

さて、この文章は何をしてところを書いたものおわかりですか？　この文章は、ブランスフォードとジョンソン（Bradford,JD.&Johnson,MK.1973）という研究者が使用したものを短くまとめたものです。

なかなかわかりづらいことでしょう。

しかし「洗濯」というタイトルが与えられるとどうでしょう。全体がスッと理解できませんか？

文章理解にはこうした内容に関する背景の知識が大切になります。そして文章理解には、内容的なものばかりでなく、構造的なものもあります。映画などを見て理解できるのは、起承転結のような構造があるからです。それを物語文法と呼びます。

つまり、物語には、舞台があり、物語の始まりがあり、登場人物の目標が設定され、それを達成しようとする試みがあり、目標が達成できたのかという結果があり、結末にいたります。こうした構造にしたがっている物語に接すると、私たちは、それを安心して楽しめるようになります。ただ残念なことに、あまりにありふれた物語構造ですと退屈してしまいます。

逆に、物語に引き込まれる時には、よくわからないところが適度に用意されています。ところが、よくわからないところが多くありすぎると（不条理劇などがその典型です）、今度は難解だと感じ、物語に接することをやめてしまうのです。

人がものを見る時のクセ④ イメージの力

06

見えていないものを補って見せる「心的イメージ」

101頁でみなさんに体験していただいたように、物語は、「洗濯」といったようにタイトルが与えられると理解が促進されますが、実際には、私たちは登場人物の活動にしたがって、その場面場面での活躍を心の中でイメージし、物語を理解しようとします。

ところが、物語では、すべてが語られるわけではなく、時間の飛躍や空間の飛躍があります。そうした飛躍を埋めてゆく心の働きが必要となります。

そこに働いているのがイメージの力です。

イメージは、外界のものをさす用語として「視覚的イメージ」といったように使われることもありますが、ここでは心の中に作られる心的イメージを考えます。

心の中のイメージは、あるルールにしたがって機能します。そうしたイメージの機能を明確に示した研究が「心的回転」として知られるものです。この研究は、イメージ研究を復活させる先駆けとなったものでした。

実験状況を見てみましょう。

まず「R」のアルファベットを短い時間提示します。次いで、テストの文字が現れる方向を示す矢印（例えば120度）が、1秒以内の短い時間、例えば10分の1秒程度、提示されます。その後テスト刺激として、矢印の方向と同じに傾いた（つまり120度傾いた）「R」、または「裏返したR」が提示されます。実験参加者はできるだけ早く、正しい文字か裏返した

心的回転の例と判断時間

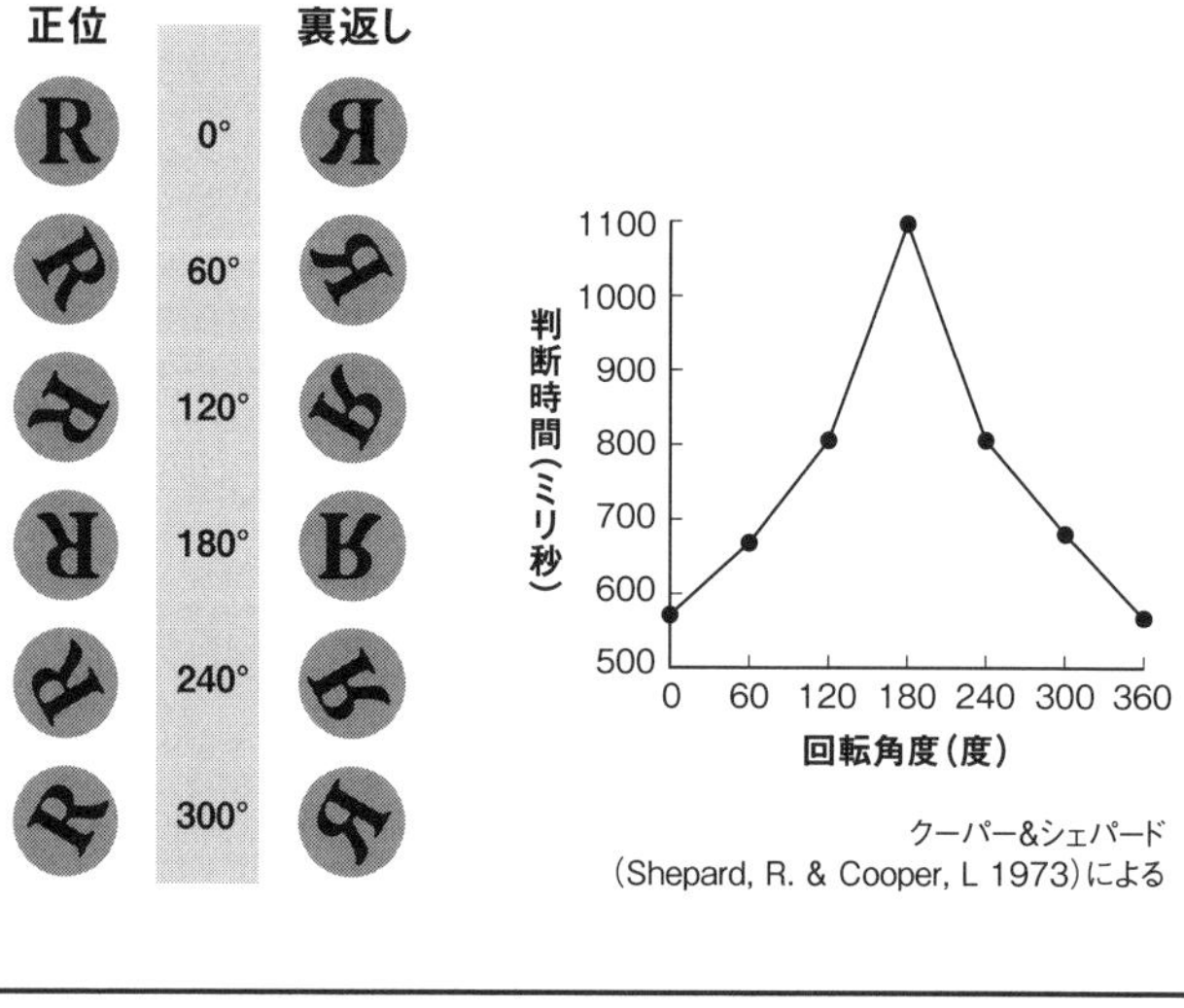

クーパー&シェパード
（Shepard, R. & Cooper, L 1973）による

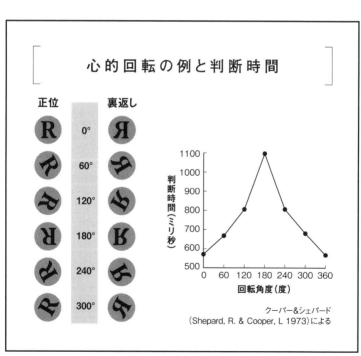

文字かの判断をするように求められます。テスト刺激の提示から、実験参加者の判断までの時間（反応時間）が計測されます。

こうした実験を行うと、テスト刺激の提示される角度と反応時間との間に一定の関係が見出されます。

つまり、提示刺激の角度が大きくなれば反応時間が長くなり、角度が180度で反応時間はピークとなり、それを超えた角度では反応時間が今度は短くなります。右回転でも、左回転でも180度が最大反応時間を示しました。

この結果から、「R」のイメージを心の中で右方向か左方向に回転し、傾いた「R」と照合して判断を行っていると考えられました。

この研究が出てからイメージの研究が大きく展開しました。

そして心的回転の研究は、私たちの心の中でイメージの操作が行われていることを示しました。こうしたことから、私たちは物語に接すると、心の中でイメージをさまざまに操作しながら場面のイメージを浮かべ、その中で登場人物たちをイメージして動かしたりしながらいろいろな物語を楽しんでいるということが理解されます。

「かわいい」はなぜ愛されるのか？

07

⇩人はまず顔のどこを見ているのか？

物語理解の中で重要なのは主人公の容姿、というのは、多くの人にとって異論はないことでしょう。日本のマンガやアニメーションの多くのキャラクターは「かわいい」と、世界中で人気になっています。かわいいキャラクターが、世界を席巻していると言ってもいいでしょう。

では、そもそも「かわいいキャラクター」とは、一体どういうものでしょうか。

心理学の研究の中には、顔をテーマにしたものがあります。そのひとつが表情に関するものですが、マンガやアニメーションのキャラクターの特徴についても調べられています。その研究のひとつが、アニメーションのキャラクターの顔の造形とそこから受けとる印象の関係についてのものです（横田、２００６）。それによればアニメーションのキャラクターを集めて口が大きいとか頬がふっくらしたとか目が大きいとかいった顔の造りの特徴についてと、顔から受ける、親しみやすいとか親切な感じなどの印象を評価しました。

するとそこには、一定の傾向があることがわかりました。

顔の造りについて、まず口、眉、顔の大きさ、骨格を含めて頑丈であるのかどうであるのかという特徴があることが知られました。つまり顔の「頑丈さと華奢さ」がまず判断されるのでした。

次に顔の輪郭について見ているようでした。輪郭は「丸顔か細長顔か」ということでした。

目は、特に重要なようで、2つの特徴が分かれました。つまり「上がり目か下がり目か」ということと「パッチリ目か伏し目か」ということでした。

そして口元についてで、「引き締まった口元であるかゆるんだ口元であるか」ということが特徴としてあがってきました。

つまり**キャラクターの顔は、全体の造作、顔の輪郭、目、口元といったようなところでそれぞれの特徴が判断されている**ことになります。

こうした顔の特徴は、顔から受ける印象と関連をもちました。顔から受ける印象の最も強いものは「親しみやすい印象（親密感を与えるもの）」か、「意地悪な印象（回避感を与えるもの）」でした。

顔の造作の頑丈、上がり目、伏し目、口元が引き締まったものが、回避感を与える傾向があり、華奢で、下がり目で、目がパッチリしていて、ゆるんだ口元をしているものが親密感を与えるものでした。

このことは**悪役の顔の特徴が、回避感を与えるものに一致するように作られていることを示しています**。一般的に、悪役は頑丈で、上がり目で、引き締まった口元になっています。例えば、ディズニーの悪役を見ても、「眠れる森の美女」のマレフィセントは、そうした顔の典型です。ディズニーの悪役の中でも、「ピノキオ」に出てくるコーチマンのような悪役は、どちらかと言うと善良そうな印象を与える顔の造りになっています。ピノキオを唆《そその》してゆく口のうまさがあるところから、そうした善良そうな印象を取り入れるのはまさに

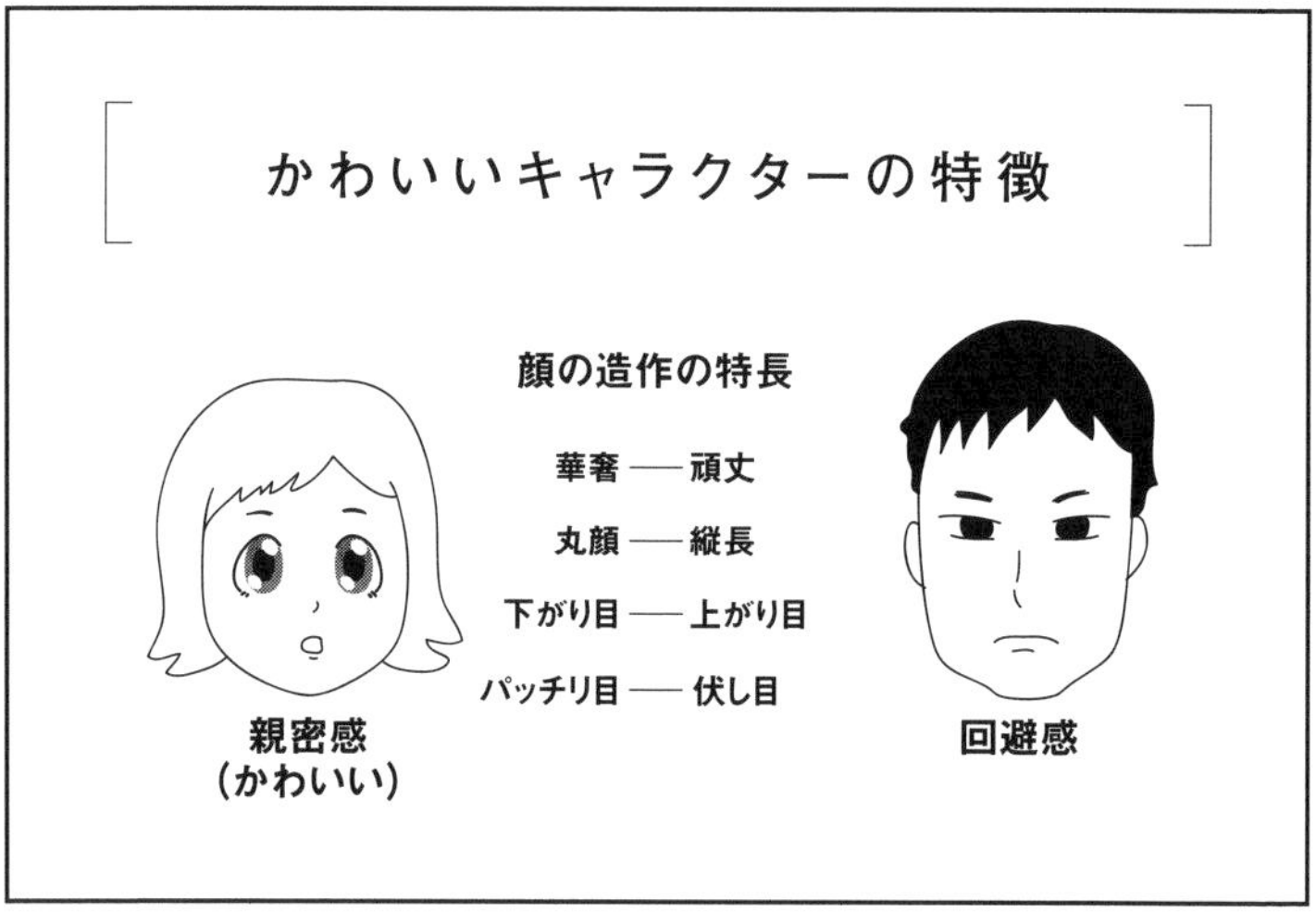

物語にふさわしいことでしょう。

日本のアニメーションのキャラクターの中でも、より好ましいと判断される特徴は、目が大きく、垂れ目気味で、口元の小さいものであり、これに対して目じりの上がった鋭い感じが出て、口元がキリリとしていると、どちらかと言うと好ましくないと判断されていました。

つまり、「かわいい顔」というのは華奢な感じで、目が大きく、垂れ目気味で、口元がゆるくなっているものであるとまとめられます。

目が大きいということは、相手の人を注視し、強い関心をもっているということであり、口元がゆるんでいると、心を許している、と思うのでしょう。

視聴者が、そうしたキャラクターに魅せられてしまうのも理由のあることなのでした。

マンガはなぜ
面白いのか？

08

⇩意識されていないマンガのしかけとは

では、ここまで見てきたような心理学から、マンガの面白さはどのように理解できるのでしょうか。

マンガが面白いのは当たり前だと多くの人が思っており、そこになんの疑問ももたないかもしれません。しかし、「面白くしている」のがマンガなので、その面白くしている背景を心理学的に読み解ければ、心理学の実践的応用ができたことになるでしょう。

さらに、それがモデルとなり、日常的な出来事の当たり前だと思っていることの多くが、実は複雑な心の機能を背景にしているのだと理解できるでしょう。

ということで、ここでは、本書のマンガを振り返ってみましょう。

マンガの基本は（縦書きの場合）、頁の右上から左下に向かって読んでいき、次の頁はまた右上から左下に読んでいきます。この読み進め方は意識されることはほとんどありません。当たり前のことで誰も気にも止めません。この当たり前のことが、物語理解の項

（100頁）で語った「構造」に当たります。私たちはそうしたマンガの読み進めてゆくコマの順番のルールを身につけているわけです。そしてコマを読み進めてゆけるように、配列が考慮されます。その際には、知覚心理学の項（93頁）で述べた、「よい連続の要因」のルールが生きてきます。滑らかにつながって見えるように気をつけるわけです。

もちろん物語を語るのですからそれだけの問題ではありません。

ひとつのコマを取ってみると、人物間の空間関係が描かれます。そこでは重なりが描かれており、重なった方が手前に、重ねられた方が背後に位置するように理解されます。パソコン画面に向かった彩子が手前

重なりで遠近を示す

で、神代先生はその後ろにいるように理解されます。また、線的遠近法も使われます。彩子が走ってゆく廊下がそれに当たります。

そしてコマとコマの関係を見ると、そこにはイメージの力が大きくかかわってきます。例えば63頁の中段では彩子が走り出し、タタタと足音が響いた後で、先の廊下のコマが来ます。走り出した彩子の絵がありますので、その絵をもとにして私たちの頭の中では彩子が走るイメージがタタタという音とともにでき上がり、その走っている彩子が目にしているであろう廊下を、彩子の目線で見ることになります。映画ではこうした当の人物の目から見た映像を、「主観のカメラ」と言いますが、その主観

走っているイメージと主観のカメラ

63頁より。彩子が走り出すシーン。

のカメラに相当するものがマンガでも採用されていました。ですので、その後に出てくるドアも、彩子の目線で見ていることになります。つまり、私たち読者も、登場人物になりきって、その人物が見ているように見るように誘導されています。

その結果として、息を継いでいる彩子に同化するのが容易になります。

そして彼女は神代先生の部屋に入ります。そのコマでは、神代先生の部屋全体が描かれています。物語の進行する設定画面が、ここに提示されたわけです。この設定画面の中で、「次の行動が起こるのだよ」と枠組みが作られました。

さらに進むと、因果関係知覚についてと同様な印象がマンガでも形成される場面に出会います。

ラストの方で神代先生が指差すコマがあります。神代先生が目線を上にあげるコマ（77頁）の後、次の頁の最初のコマにつながります。そこには神代先生の指差した先の対象がありました。まさに神代先生が目にした対象を、読者も一緒に見ることになります。神代先生の視線移動が、頁間で読者の視線移動を誘導し、それは彩子の視線の誘導と連動し、彩子が神代先生の指差した先を見たのとまさに同様に読者もそれを見ることになります。コマとコマの間で、原因と結果の関係が描かれていることになったわけです。つまり因果関係をコマ間で知覚していることになります。

目線の移動

78頁

ページをめくると……

77頁

ここでは、「神代先生が何かを見た。それは何?」という疑問に、答えるように次のコマが提示されています。次のコマが疑問への答えになっています。その答えに対して、彩子の反応も同時に示されました。疑問―回答―反応の連鎖ができました。読者は、その連鎖に同期して心を動かしますので、引き込まれてしまうことになります。

⇩マンガに夢中になるのは心理学の原理を駆使しているから

このようにマンガでは、右上から左下になめらかに流れるようにコマを並べ、コマ内では、登場人物間の空間関係を示し、物語の進行のための設定を明示し、動く動作を示すことで移動をイメージさせ、そのイメージを主観的に読者自身と同化させ、読者の視線を誘導することで、原因と結果の関係を明らかにしていきます。さまざまな技法を駆使し、読者の心にイメージを喚起し、そのイメージを心の中で動かし、誘導し、結末に導きます。

マンガは、心への刺激であり、その刺激に心が反応し、感動が導かれます。

その際、キャラクターのかわいさが大きく貢献します。彩子も、これまでのかわいいキャラクターの系列に沿った特徴をもちます。大きな目で、どちらかというとたれ目であり、きりりとした口元と言うわけではありません。ぽっかり口を開けていることが多いのです。

彩子に対し神代先生は、目は細目で、口元を引き結んでいます。どちらかというと回避感を引き起こすキャラクターに設定されています。こうした2人がどのように関係してゆくのかが関心の拠り所のひとつです。

無心にマンガに読み耽《ふけ》られるのは、心理学の原理が駆使され、読者が結末まで導かれている結果なのでした。

Part 2

人とのつながりを科学する

――観察を中心に――

あの迷子事件から数日後――
Story 2
人と距離が縮まると何が起きる?
今日の占いコーナ…
なんだか最近占いに興味がわかなくなったなぁ
そろそろ出ようかな
コンコン
失礼しまーす
ガチャ
あ 彩子さん
心美さん
どうしたの?
レポート提出に来たんですけど…
神代先生は?

神代先生なら講義です 預かっておきますよ なんのレポート？
よかった！ お願いします 展望記憶のレポートです
展望記憶…？
それってどんな心理学なの？
えっ
えっと 記憶心理学のひとつです
展望記憶の例を出すなら
夕食で何を作ろうかと計画して
今日は肉じゃがにしよう…
それを実行に移すまで覚えていること…ですかね
よーし 肉じゃがを作るぞ！

行うべきことを覚えておく…といった記憶のことみたいです
へぇーそうなんだ
あっそうだ
ガサッ
この前の思考心理学の授業の時にこんな図が出たんですよ
9つの点すべてを
4本の線分の一筆書きで結ぶ
えっなになに?
これを4本の線の一筆書きで結ぶの私何度やってもできなかった

……
わかったわ！
こうでしょ！
すごーーい
正解です！
パチパチ
この問題知ってたんですか？
ううん
でも結構こういうの得意なの
確かに…好みも枠から外れているみたいですしね…
えへへ
ちょっと枠から外れてるからかな…
えっ？何か言った？
いえ別に

コツコツ
—でね！
付き合い始めたんだけど
いまいち進展しないんですよー！
いっそこっちから
アプローチしてみたら？
ガチャ
ぎくっ
もう少し
声量を
下げなさい
廊下まで
聞こえて
いますよ
用が済んだら
すぐ帰りなさい
フゥ
おかえりなさい
あっ
そのっ
私は　あの
レポートを
……
ガタッ

は はいっ
ガタッ
…あの 神代先生
はい？
人と人が少し仲がよくなるとどんな行動が起こるんでしょうか
……
……
……そうですね
…では次のゼミのテーマはそれにしましょう
ガクッ
…はい 失礼します
パタン
ハア…
あの先生がそんなにすぐ答えを教えてくれるわけないか…
とぼ とぼ

そして
ゼミの日
今日のテーマは…
キュッ
もし人を好きになったらどんな態度を示すだろうか？
2人で座る位置が縮まると思います
目を見合うんじゃない？
キュッ
キュ
そうそう
そして目をそらさないよきっと
相手の話をよく聞くはず

大学中庭
では実際に観察してもらいます
こそ
こそ
こそ
場所:中庭
対象:カップ
見つめ合う
○ 目をそらさない
○ 座る位置が
話をよく聞く
そう言えば好意を示している女の子は足を組んでいないわ
メモっとこう

もし人を好きになったら
どんな態度を示すだろうかって
今日はここまで各自来週までにレポートにまとめて――
キュッ
キュッ
ぞろ
ぞろ
心美さんどうしたの？
彩子さん…
今日のゼミでみんなが言ってたこと…
なんだけど…
もし人を好きになったらどんな態度を示すかって？
うん
観察してる時に今の私と彼に当てはまらないって気づいちゃって…

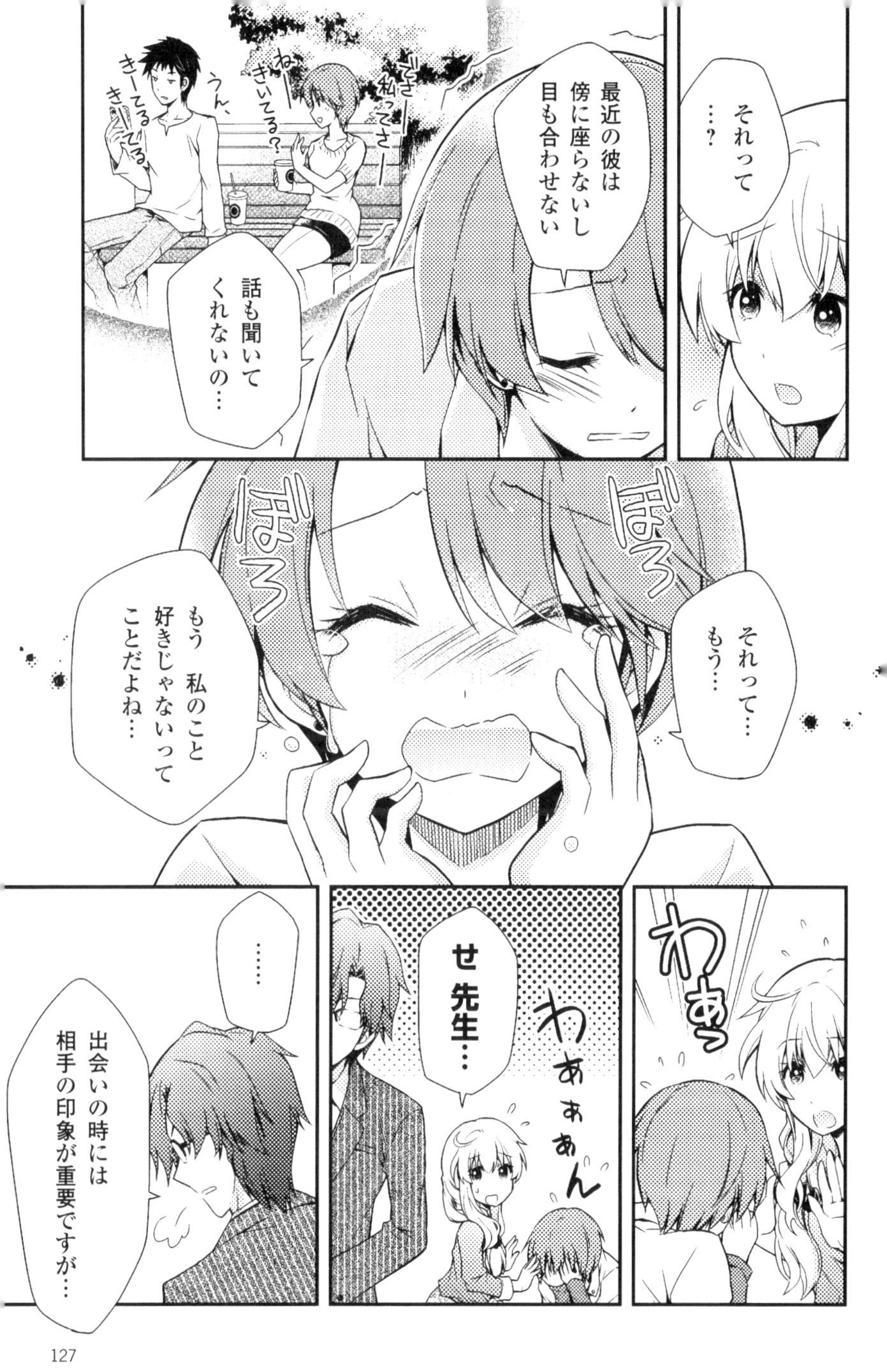

それって…?
最近の彼は傍に座らないし目も合わせない
でさー私ってさー
ねー きいてる?
うん、きーてるきーてる
話も聞いてくれないの…
ぼろ
ぼろ
それってもう…
もう 私のこと好きじゃないってことだよね…
わあっ
せ 先生…
わぁぁぁん
……
出会いの時には相手の印象が重要ですが…

社会心理学の研究によると
関係が深まると
お互いの個人的なことが
話されるようになり
家族
スポーツ
友達の話
好きな
食べ物
理解
理解
子供の頃
大学の
講義の事
旅行
将来の事
お互いの過去がたくさん語られ
お互いの人柄がより理解されていきます
えっと
ええっと…
き 今日のテーマは
好きになった時の
態度であって
先生が
言っているのは
さらに仲が
進展する時は
こうなるよってこと…
…かな…？
心美さんは
もう付き合い
始めてるし…
わかり
ました
心美さん？

最初は気持ちが態度や行動に現れるけど
その先はお互いをより理解したいから個人的なことをたくさん話すようになる…ってことですね
そ、そう！
さすが現役大学生！理解が早いわぁ！
ぐい
私と彼のこと少し見つめ直してみます…
彩子さん神代先生
ありがとうございました
とぼ…
心美さん大丈夫かしら…

ねえ
神代先生
彼女の問題は
彼女自身で
解決するしか
ないのです
数日後　学食
ざわ
ざわ…
えーっと
空いている
席は…
彩子さーん!
こっち!
こっち!

よかった
心美さん
元気そう
ほ
ありがとう
あのね
彩子さんに
聞いてほしい
話があるの！
なあに？
あれから私も
考えたんです
やっくんは
どうだったの？
オレはね——
それで自分から
彼の近くに座って
目を合わせて
話を聞くように
心がけました
そうすると
なんだか
会話も増えて
今では前以上に
仲よくなった気が
するんですよ！

よかったじゃない!
フフッ
じゃあ失礼しまーす
彩子さんも枠から外れてる彼とうまくいくように祈ってます!☆
ギクッ
えっ!?
心美
あ やっくん♡
いいなぁ~…
いつか神代先生も個人的な過去を
私に話してくれる日が来るのかな…
よしっ
ガタッ
神代先生のところに行こうっと!

ガチャ
神代せん
せ…
えっ…
どちらさま？
ギロッ
そ、そっちこそ
誰!?

人には「つながり」が欠かせない

01

⇩言葉で言い表せないものを研究するための観察法

誰しも恋に悩んだ経験はあるでしょう。そんな時、相手の気持ちがわかればこんなに悩まないのにとも思うはずです。

Ｓｔｏｒｙ２に登場する心美という学生も同様な悩みの中にいます。

１２３頁で、学問的に、心理学ではどのように恋心を明らかにするのか知りたいと問いかける心美に対して、神代先生はゼミの授業で観察法を取り上げ、大学構内での学生の対人距離や行動を観察するように指導します。

こうした**観察法は、通常は言葉を使って言い表せない動物や乳幼児を対象にした研究によく使われます。**

⇩ある施設で子どもの死亡率が減少した理由

さて、古い話になりますが、１９３０年代から「ホスピタリズム」や「施設症」という言葉で、人とのつながりを考える上で非常に興味深い事実が報告されました。

それは、乳児院や孤児院で育てられた乳幼児は一般家庭の乳幼児に比べて死亡率が高く、そればかりではなく発達の遅れも目立つということでした。そこでは管理体制はきちんとしていて、衛生面の問題はありませんでした。発達の遅れに対して医学的な治療を施しても、効果がなかったと言います。ところが、そんな時、ある施設では個人的な接触を大事にし、愛撫するようにしたところ死亡率が減少したのです。

このことは、**乳幼児には、個人的な接触や愛撫をする存在が必要だということを示しています**。そうした存在は「母親」で代表されますので、母親がいない状態を母性剥奪（マターナル・デプリベーション）と呼び、母親と子どもとの間に成り立つ絆がその後の心の発達に重要だと考えられるようになりました。

人は、人とのつながりが必要だということです。実際に、人とのつながりを欠くと大きなハンディを背負うことになります。

⇩「つながり」に必要な「ぬくもり」

ではどのようなつながりが大事なのでしょうか。

この点について示唆的な動物の観察について見てみましょう。アカゲザルを使ったよく知られた代理母の研究があります。

この研究の目的は、赤ん坊にとって飢えをしのぐためのお乳が大切なのかそれとも母親の肌のぬくもりが大切なのかを問うものでした。

この研究のために、ハーロウ（Harlow, HF, 1971：浜田訳、１９７８）という研究者が、2つの人形を作りました。ひとつは針金でできた人形で、胸のあたりにお乳が出る乳首がつけられています。もうひとつの人形は布製で、下にヒーターがつけてあるので温かです。

母親と子どもとの絆の成立のために飢えを満たすことが必要ならば、針金の人形の方に行くはずです。

ハーロウの観察によると、結果として赤ん坊ザルはほとんどの時間を布製の人形のところで過ごし、お腹を満たすためだけに針金の人形のところに少しの時間だけ行きました。図では、布製の母と針金製母として示した4本の線が示されています。布製母は「授乳」「非授乳」にかかわらず接触時間が長いのですが、針金製母は例え「授乳」であっても「非授乳」と同じで、接触時間がごくわずかであったのです。

このことは**母親と子どもの絆は、飢えを満たすことによって作られるのではなく、肌のぬくもりによって作られることを示しています。**

ぬくもりに関する実験

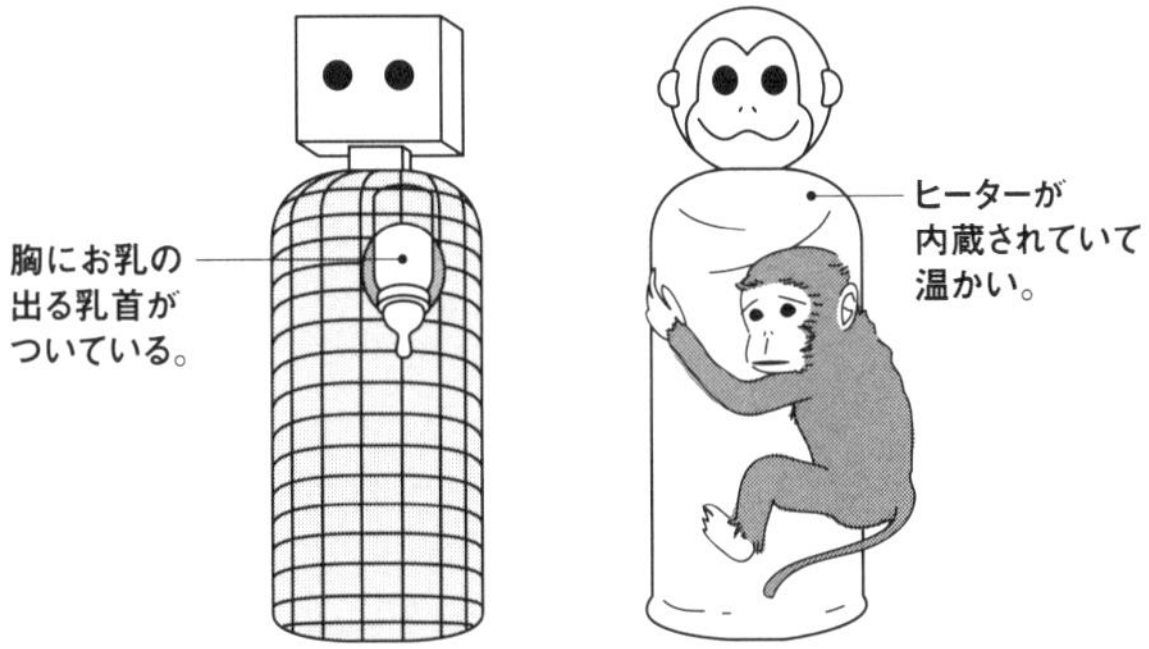

恐怖を感じて布製模型にしがみつく子ザル

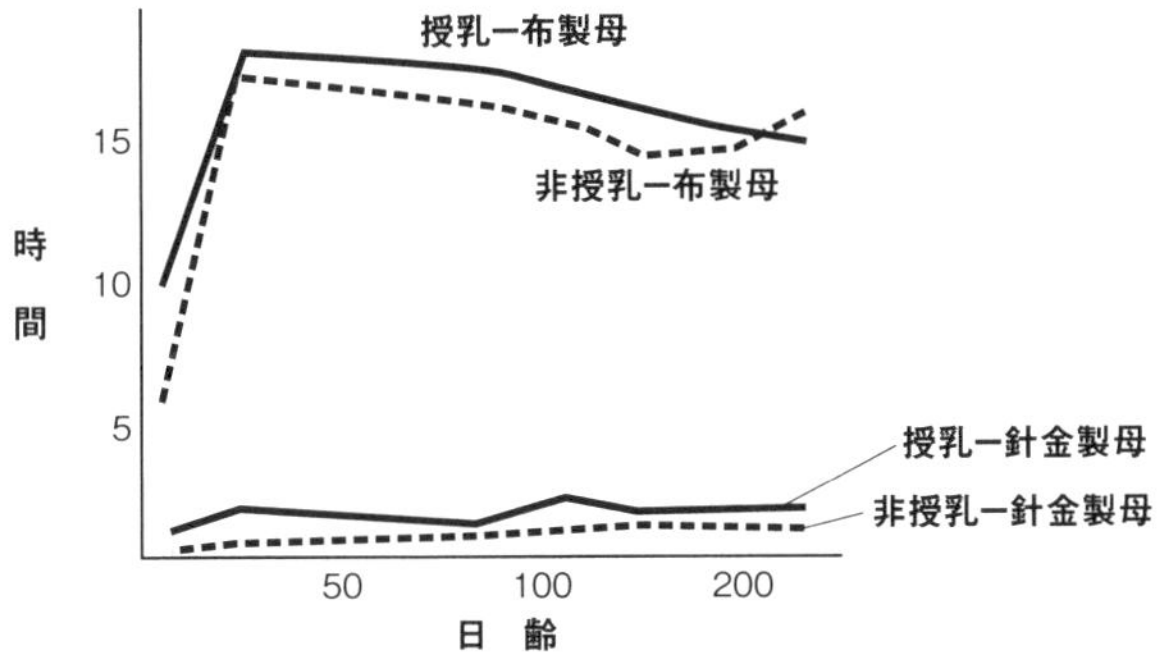

布製母は、針金製母より接触時間が長い（ハーロウ、浜田訳、1978）

さらに興味深いことには、赤ん坊ザルに馴染みのないものを観察スペースに入れると、赤ん坊ザルは布製の人形にすがりついたのでした。不安を喚起させるものがあると、赤ん坊ザルはぬくもりのある人形の方に行ったのです。つまり、布製の人形が赤ん坊ザルにとっては、安全基地の役目を果たしたということです。

つながりの形成のためには、ただ単に餌を与えればよいということではなく、温かい肌のぬくもりが大事だったのです。

人間はひとりでは生きにくくできている 02

赤ちゃんは何もできない存在ではない

それでは人間の子どもに目を転じてみましょう。赤ん坊は何もできない存在ではありません。日常的に、電車などに乗っていると赤ちゃんを連れたお母さんをよく見かけます。赤ちゃんが大きな声で泣き出すと、お母さんは一生懸命あやして、周りに迷惑をかけまいと努力します。

こうして見ると、赤ん坊の泣き声が、お母さんに「自分をあやすように」と要求しているようにも見えます。ボウルビィ（Bowlby, J. 1907-1990）は、こうした赤ん坊の行動をもとに愛着理論を展開させました。つまり赤ちゃんは、母親との絆を形成するために、自ら積極的に働きかけると考えたのです。その働きかけには、お乳を吸う、抱きつく、泣く、微笑むといった行動があり、移動できるようになると後を追いかける行動がそれに含まれます。

また、移動できるようになった赤ん坊は、母親から離れて周りを探索に出かけ、しばらくして母親のところに戻ってくるようになります。そしてまた探索に出かけてゆきます。

母親を安全基地とみなしているのです。ハーロウの赤ん坊ザルと同じです。不安になった時に抱きつく対象が必要なのです。

⇩愛着のパターンを知るためのストレンジ・シチュエーション

こうして見ると、母子の関係は母からの、または子からの一方通行の働きかけで成り立つわけではなく、母子相互の働きかけによって成り立つことがよくわかります。人間は、もともとひとりでは生きにくくできているのです。

ただ相互関係があるとは言え、その関係は固定したものではなく、不安を喚起されるような状況に出会うと相互関係をより密にしたいと思うようになり、変化します。例えば、見知らぬ場所にひとりで置かれると心細くなりますし、人恋しくもなります。旅先で、心細くなった時に知り合いと出会うと嬉しいものです。

1歳児も同じです。ひとりで置かれると淋しくなり、不安にもなります。お母さんが戻ってくれれば、嬉しくなって笑顔になります。ところが、すべての子どもがそうというわけでもありません。そうした、母親がいなくなって戻ってきたという状況での、子どもの示す母親への行動、つまり**愛着パターンにはいくつかのパターンがある**ことが見出されました。このことを調べるための設定がストレンジ・シチュエーションとして知られます。

142頁の図に示したものが愛着パターンを調べる場面です。見知らぬ人が部屋に入ってきたり、母親がいなくなったりした時の子どもの反応から、愛着パターンが分類されます。

愛着パターンには3つあります。そのひとつは**安定型**です。この型では、母親を安全基地とみなし、母親がいなくなれば悲しみますが、母親が戻れば嬉しがり、母親に近づき、抱きつきます。不安はすぐ解消されます。

不安定な型もあります。そのひとつが**回避型**です。回避型では、母親がいなくなっても悲しんで泣くこともなく、母親が戻って来ても無関心のままです。

もうひとつの不安定な型は**アンビバレント型**です。この群の子どもは母親がいなくなると不安が強くなり、母親が戻ってくるとすがりついて離れず、母親が離そうとしても抵抗してぐずります。母親に触れたがるのですが、だからといって触れていることで安心するわけではありません。

このように母親との関係で現れてくる子どもの行動には、一定のパターンがあります。こうした行動のパターンは、その後の成長過程でどうなっていくのでしょうか。

じつは、こういった**行動のパターンが恋愛に影響すると考えられています。**

ストレンジ・シチュエーションの8場面

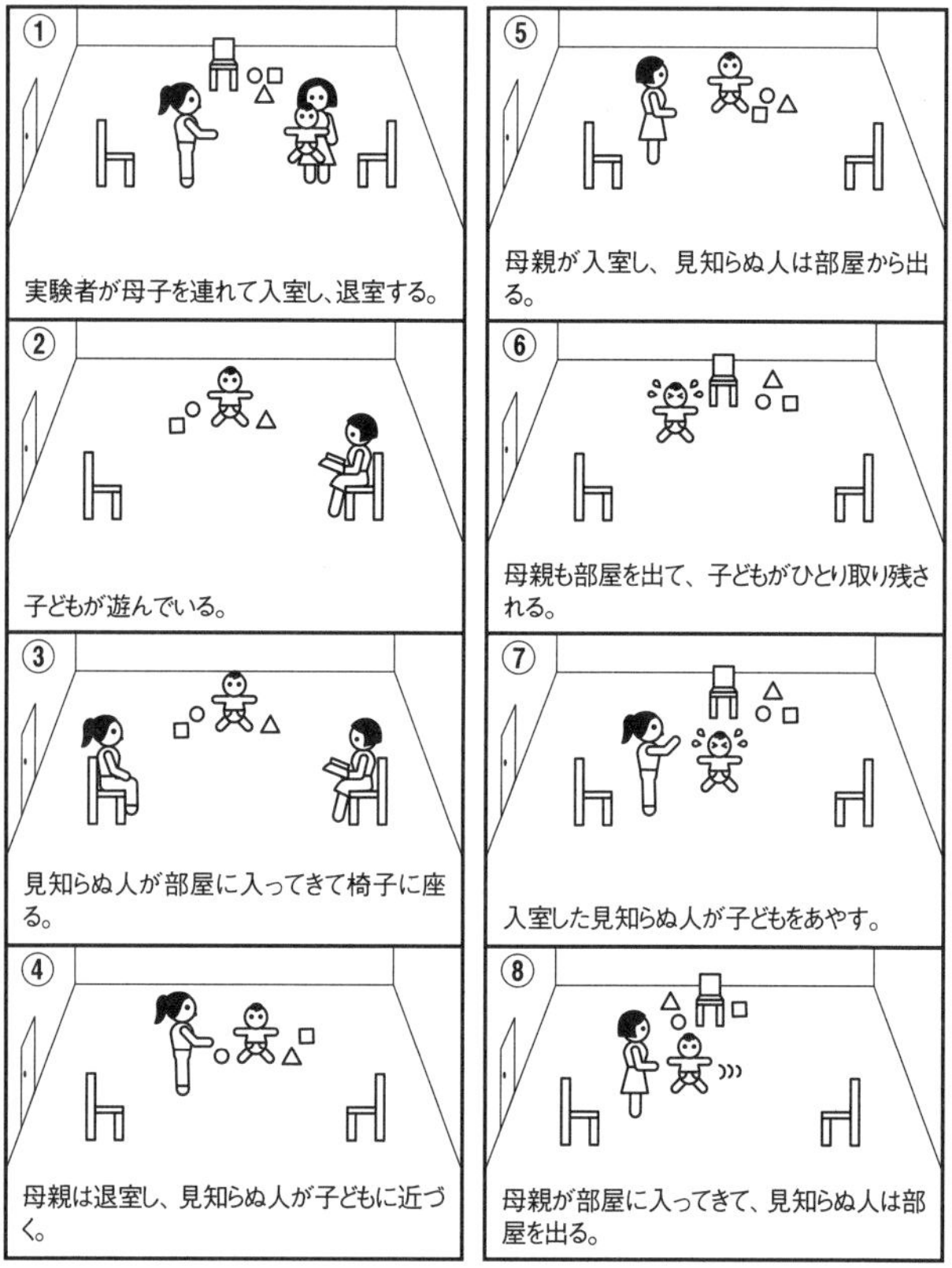
①
実験者が母子を連れて入室し、退室する。
②
子どもが遊んでいる。
③
見知らぬ人が部屋に入ってきて椅子に座る。
④
母親は退室し、見知らぬ人が子どもに近づく。
⑤
母親が入室し、見知らぬ人は部屋から出る。
⑥
母親も部屋を出て、子どもがひとり取り残される。
⑦
入室した見知らぬ人が子どもをあやす。
⑧
母親が部屋に入ってきて、見知らぬ人は部屋を出る。

⇩親子関係が恋愛に影響する!?

さてこれでやっと最初に述べた心美の問いに答える準備ができました。先に進める前に、ちょっと今まで述べてきたことを振り返ってみましょう。

人間はひとりでは生きていけません。ただ養育されるというだけでは十分ではなく、親密に触れ合うことが必要でした。そしてそのために赤ん坊の方から母親に働きかけてゆき、母親がそれに応えるといった相互作用で母子の絆が築かれました。しかし、母親が不在の時に不安となり、母親が戻った時に愛着を回復する仕方には個人差がありました。

今見てきたように、愛着は特定の人に対して絆を形成することを意味しています。恋愛も特定の個人に愛着を形成することに等しいと思われます。ですから、恋愛も愛着の理論によって理解することができます。その際に、**それまでに築かれた親子の愛着は、心の中にイメージとして残り、それが成人した後での恋愛関係での感じ方や行動に影響すると考えられています**。

心の中のイメージのことを専門的には「内的作業モデル」と呼びます。

さて、先の愛着のパターンでは安定型、回避型、アンビバレント型を紹介しました。これは母親に対する行動パターンであったわけですが、それらが内的作業モデルとして心の中にでき上がると、それが恋愛関係の中に顔を出します。

安定型は特に問題はありませんが、回避型では、不安が強いあまり自分は愛される価値がないと思い込み、相手から離れてゆくでしょうし、アンビバレント型では人は信用できないと思って恋人に心を開くことができないでしょうし、また頼りにもしないことが起こるでしょう。それだけ恋愛関係の進展が難しくなります。

ただこうした傾向があるとは言え、恋愛関係をもつようになると、回避傾向の強い人でもその傾向が低くなるようですので、恋愛は偉大です。

このように、**恋愛には、それまでの親との関係を含めた他者との関係が、心の中に関係モデルのイメージとして存在するようになり、それが恋愛関係での行動の指針となるのです。**

恋愛はどう進んでいくのか 03

恋愛行動の5段階

恋愛の発展について一定の流れはないのでしょうか。

特にアメリカ映画などを見ると、恋に落ちた途端に、次のシーンでは2人でベッドにいるといった展開になったりします。私は「これって、早すぎない？」と思ったりします。

あくまでも映画ですから、省略が多いのはわかりますが、それでもいきなりすぎるように感じます。

日本の、恋愛行動の進展についての調査（松井、1993、2000）があります。それによると、恋愛行動の進展は5段階に分けられると言います。

第1段階では友愛的会話に始まり、子どもの頃の話をしたりします。徐々に内面を語るようになり、悩みを打ち明けたりもします。やがてつながりを求める行動が起こります。

そして第2段階になって、用がないのに電話するようになります。この頃には手や腕を組むようになります。

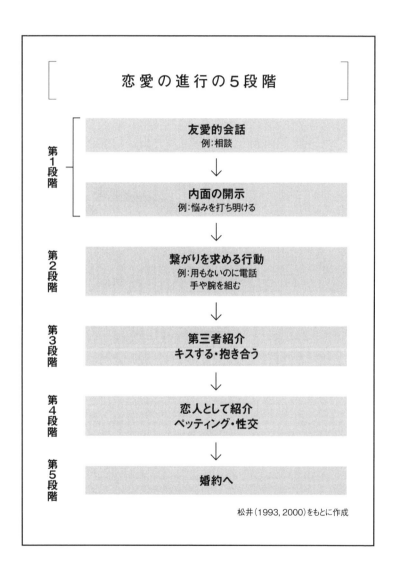

恋愛の進行の5段階

第1段階

友愛的会話
例：相談

↓

内面の開示
例：悩みを打ち明ける

↓

第2段階

繋がりを求める行動
例：用もないのに電話
手や腕を組む

↓

第3段階

第三者紹介
キスする・抱き合う

↓

第4段階

恋人として紹介
ペッティング・性交

↓

第5段階

婚約へ

松井（1993, 2000）をもとに作成第3段階には、さらに進展します。つまり第三者に自分たちの関係を公開するようになります。友だちにボーフレンドやガールフレンドとして紹介します。この頃にはキスや抱き合う性的行動が起こります。

第4段階では今度は恋人として友人に紹介します。第5段階では婚約、結婚の話しが出て、親に結婚相手として紹介することになります。こうした流れは、多様化している現代の恋愛事情からするともの足りないものがあります。

マンガで描かれている心美は、この恋愛の進展にしたがえば、彩子の前で身体に触れながら親密げに立ち去りますので、自分たちの関係を周囲にオープンしていると見えますので、第3段階にあると見て取れます。

⇩現実は恋愛していない人の方が多い!?

ところでこうした恋愛の進展段階が語られると、自分以外の誰もが恋愛関係にあるかのような錯覚をもちます。と言うのも、至るところで恋愛が語られているからでしょう。テレビで描かれるのは恋愛ばかりであり、小説で語られる多くも恋愛であり、映画で見る世界も美男美女の恋愛世界です。恋愛していない人は、肩身が狭い思いをしてしまいます。

しかし、現実には、異性の交際相手をもたない未婚者の割合は、男性で61・4％、女性で49・5％※とのことです。このことからすると恋人がいる割合は意外に少ないようです。また、**恋人がいるかいないかという情報だけで、人は一定の判断をしてしまいます。**それは、恋人がいる人はよい性質をもち、いない人は悪い性格をもつというもので、恋愛について研究している若尾（２００６）はこれを**「恋愛ポジティブ幻想」**と呼びました。

こうした幻想は、私たちが毎日接しているメディアが、私たちに伝えようとしているものと一致します。彩子は、プロローグで、占いで、一喜一憂していたことを思い出してください。これは私たちの多くの人の日常です。

しかしよく考えてみれば、少し前の時代は、恋愛結婚より見合い結婚が当たり前でした。ですから、そうした幻想とは縁遠い時代もあったのです。

※国立社会保障・人口問題研究所「第14回出生動向基本調査　結婚と出産に関する全国調査」（2010年）による（調査対象は18～34歳）。

恋愛するとなぜ相手に触れたくなるのか？

04

「触ること」への感覚は男女で差がある！

アメリカの恋愛映画を見ると、すぐキスをし、すぐ抱き合ってしまうと述べましたが、そうした映画は恋人同士が常時触れあっているように描いているように思えます。アメリカはカップルが生活の中心になっていますので、カップルになることの社会的な圧力が大きいことも影響しているでしょう。

それに対し、日本の男女はどうなのか気になります。

この点に関する実態調査（菅原、２００６）があります。それによると**出会いの場面で、男性は女性からの接触を歓迎し嬉しく感じるようですが、女性は男性からの接触に不快感をもつ**とのことでした。なんとも感じ方が違うものです。

Ｓｔｏｒｙ２に登場する学生の心美は、彼に触れられて嬉しそうでしたので、この境地をすでに脱しているのでしょう。女性のさりげない接触があっても、男性からの接触は控えるべきだとこの調査は教えています。

ではデート場面ではどうでしょう。男性の場合、女性をエスコートしたいと思うでしょう。実際に女性は、満員電車で支えられる、混んでいる場所で手を引いてもらうなどの守られるタイプの接触を許容します。しかしそれら以外の接触は、不快と感じます。**状況に応じて女性の感じ方は違うのです。**

一方で**男性は、女性が怒ったふりして叩くとか、注意を引くように触れてくることに対して、許容する傾向にある**と言います。

女性の方は積極的に触れられるのは嫌だけど、男性には触れてみたいと思うのでしょうか。

ハーロウのアカゲザルの研究（136頁）を思い出してください。赤ん坊ザルは、温かい布の人形に触れることを好むというように、触れ合うことによって不安を解消していました。人間にも同様な働きがあるでしょうが、大人になって恋愛関係を築いてゆく時に、いきなり赤ん坊ザルのような振る舞いは許されません。せいぜい許されるのは、守るためにか、関心を引くためでした。それ以上の触れ合う関係は、松井の研究にあったように、恋愛関係が第2、3段階に進展してからなのでした。

当然のことながら、**恋愛の始まりには、注意すべき点が多い**ということです。アメリカ映画に見るような触れ合い過剰は、日本の恋愛の始まりでは嫌われてしまいます。

⇩接触回数が多いほど相手を好きになる

さて、これまで一般的な恋愛の心理学について述べてきました。しかし彩子についてはあまり触れていません。少し注目してみましょう。

彩子は、神代先生の研究室によく行くようになっていました。彼女は、神代先生の部屋にある植木の水やりを頼まれたのをいいことに日参しているようなのです。

彩子のこの行動は、単純接触効果に関連すると思われます。

単純接触効果とは、特定の対象に繰り返し接すると、その対象を好きになるという現象のことを言います。その対象が、ここでは神代先生というわけです。彩子は心理学のことをよく知っているわけではありませんので、この現象を知っていたとは思えませんが、ごく自然な彼女の振る舞いが、心理的効果をもつような振る舞いだったわけです。とはいうもののこの段階で神代先生の好意が高まったかどうかは明らかではありません。

単純接触効果の面白い点は、本人が気づかないような状況で出会っている対象に対しても生じるということです。単純接触効果は、ポーランド生まれの社会心理学者ザイアンス（Zajonc,RB.1923-2008）によって提唱されたものですが、その後、現実の授業場面などに応用され、魅力と関連づけられることになりました。例えば、女性のサクラを大学の授業に出席させるようにします。そして授業期間が終了した時点で他の学生にサクラの写真を見せて印象を評価するように求めます。評価するのは女性の魅力の程度（魅力）、自分と似ている程度（類似性）、見たことがある程度（既知感）でした。その結果、１５３頁の図のようにサクラが他の学生と接触する機会が多くなると、魅力と類似性は高まりましたが、既知感は高まりませんでした。つまり、他の学生は、サクラを見たことがあると意識はできないのですが、それでもサクラへの好意度が高まったのでした。

人は、過去に出会った多くの人の印象、親ばかりではなく、先生や、親友や恋人との交流を通して、人との関係を結ぶための心的モデルを形成します。そのモデルが新たな出会いの時に発動します。彩子の場合にも、神代先生に出会った時にそうしたモデルの働きがあったとも考えられます。

接触回数と魅力の関係

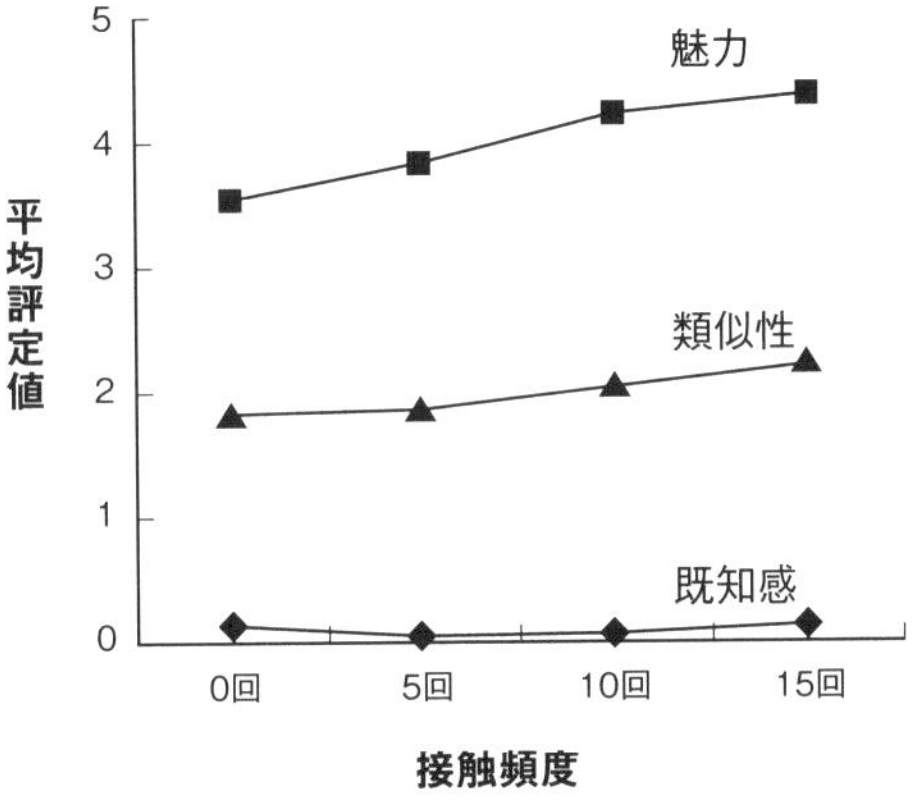
魅力
類似性
既知感
平均評定値
5
4
3
2
1
0
0回
5回
10回
15回
接触頻度

接触回数が多いほど魅力が増すのね。
ということは、神代先生の研究室になるべく顔を出したほうがいいってこと…？

池上（2002）のモランドとビーチの引用より

年をとるとどうなるの？

05

⇩アラフォーを襲う中年期の心の変換

心の生涯発達を考えるために、次は、神代先生に目を転じてみましょう。

彼は、新任の教授として転任してきました。ストーリーでは、彼の年齢は明らかにされていませんが、大学機関で教授になる年齢は、早くても30歳代の終わり頃のことが多いでしょう。30歳代の終わり頃は、中年期に当たります。**心理学では、中年期に心の大きな心の変換があることを教えています。そうした心の変換を中年期危機と言います。**

私の専門は臨床心理学で、臨床心理学とアニメーションを関連づけて研究していますので、アニメーションのことをすぐに思い浮かべてしまうのですが、中年期における心の変換については、アニメーション監督として世界的に有名な宮崎駿監督を例にして見ることができます（横田、２００６）。宮崎監督は、中年期に入ってアニメーターから監督へという大きな方向転換を試みました。

神代先生は、前身はわかりませんが、新任教授として赴任していますので、宮崎駿監督同様に、キャリアチェンジが起こっています。中年期に起こるキャリアチェンジは、心の大きな変換を伴うことも多いものです。人嫌いと噂された彼が、彩子に植物の水やりの仕事を任せます。ささやかな変化のように見えますが、人嫌いとうわさされる神代先生から見れば、それは大きな心の変換ということになるでしょう。

じつは、こうした神代先生の設定は、中年期を語るために、意図して行ったことでありました。

⇩年をとる＝「英知」にまとめられる

このパートでは、赤ん坊から始まり、中年期までを見てきました。そして人とのつながりが人間には必要だということを語ってきました。そこで、さらに、中年期を超えた老年期についても見ておく必要があるでしょう。

老年期については記憶力が落ちる、体力が衰える、集中力が弱まる、といったようにいろいろな機能が落ちることに関心が集中して語られます。さらには認知症などの病気や死についても考えるようになります。社会的に定年や役職から退くといったことも起こります。友人たちの死にも出会います。

心身の衰え、病気の恐れ、多くの喪失に出会い、ネガティブな気持ちになります。

しかし、エリクソン（Erikson,EH.1902-1944）の唱えているよく知られた**心理社会的発達段階説によれば、老年期のテーマは「英知」としてまとめられています。**「英知」とは、それまでの自身の生き方を統合し受け入れ、死に向き合うというものです。「英知」として語られる段階は、心穏やかに人生を引き受ける姿に通じます。

身も心も軽やかになり、それまでの人生を展望し、失望も絶望もなく、身近な出来事に大いなる喜びを見出す。そんな境地があることでしょう。

そうした時、神代先生が趣味としている植物を育てることは、大きな力を発揮することになると思われます。何かを育てるというような、ある種の責任をもって生きることが老年期の人たちに活動性をもたらします。こうした人生は円熟したものとも言えるでしょう。

Part 3

人の性格を知るには

──心理検査法を中心に──

大学
Story 3
テストで本当の
「私」は測れるの?
ぼー…
大丈夫かしら…
朝からずっとああなのよ…
はぁぁぁ…

翠《みどり》
近い
すりすり♡
だってー
この人誰?
おにいちゃん
おっ
おにいちゃん!?

彼女は
心理学科の助手だ
ふ～～ん
じゃあこの
女の子は…
妹？
べ～っ
!?
知らなかったな…
神代先生に
妹がいたなんて…
はぁ…
気を
取り直して…
ガチャ
神代先せ…
あっ

か
神代先生の…
あなた
だったのね！
ジー
ウロウロって
そんな…
おにいちゃんの
周りをウロウロ
している女って！
ほんと
やな感じ！
あなたみたいな人
おにいちゃんには
ふさわしくないん
だから！
えっ⁉

おにいちゃんがイケメンで大学教授だから近づいたんでしょ?
あんたみたいなぶりっ子がいくらアプローチしたって無理なんだからね!
おにいちゃんは将来、心理学会を背負って立つ人なんだから邪魔しないで!
おしゃれとグルメにしか興味ないような
なんにも考えてないって顔してさ!!
じゃあ言わせてもらいますけど

それはあなたが感じた私の印象でしょう？
本当の私は違うわ
本当のあなた？
それじゃあわからせてあげる
どういうこと？
どん！
このアタッシュケースに性格を調べる描画テストと
知的レベルを測定する知能検査の道具が入ってるわ
知能検査記録用
これを使ってあなたの性格と知能をハッキリさせようというのよ

言っておくけど
これは
女の子の大好きな
ちまたの心理テスト
とは違うわよ
本物の心理検査
臨床現場で
使われているし
知能検査は
標準化されている
私も大学院で心理学を
勉強しているから
ちゃんと診断できるわ
どう？
やる？
もちろん
やらなくても
いいけど
ぐっ
やるに
決まってるでしょ！

検査室
検査室
使用中
カリ カリ…
2時間後
チッ
チッ
はい
お疲れさまぁ
結果は数日後に
わかるから
またここで
落ち合いましょう
ふう…
…ええ

正体を暴かれるのが怖くなって逃げないでよね！
おーほほほほ
だっ誰が逃げるもんですか！
バタン
いーっ
数日後
検査室
ガチャ
びく
…大丈夫
大丈夫…
カツ…

パタン…
思っていた結果は出なかったみたいね？
ほ
ぐっ
カッ
カッ
何をやっているんですか
神代先生！
おにいちゃん！

サッ
バッ
あっ!
ザッ
知らないうちに私の名で検査室が2度も取られていたから
何ごとかと思って来てみれば…
びく
翠
なんだこれは
ここで何をしていたんだ

これは遠藤さんの描画テストと知能検査の結果じゃないか
なぜ翠が持っているんだ
…そ、それは…
何の目的でやったんだ？
この人が…
キッ
おにいちゃんのまわりをウロウロするから…
身の程を教えてやろうと思って…
ガーン

馬鹿者！
びくぅっっ
ドキッ

知能検査を個人的な動機で使ってはいけない！
これは彼女のプライバシーにも関わることだ！
気やすく触れていいものじゃない！
心理学を学ぶ者としての最低限の常識だぞ！
こんなことをするのなら
……
ぷい

お前にはこれ以上
心理学を学ぶ
資格はない
！
おにいちゃん！
待って！
お前はただの
興味本位でやっている
かもしれないが
それで済むこと
ではない
本当にごめんなさい！
もう二度としないから！
お願い！
あ…

あの…
ギロッ
あ…えっと
私はこの件を大事にしようとは思っていません…
だから…先生
翠さんを許してあげて…
……
君がそう言うなら…
翠
びくっ

もう二度と
個人的な動機で
知能検査をやらせないと
約束できるな？
コク
コク
本来なら
重大な倫理規定違反に
なることを肝に銘じて
おくように
ごめんなさい…
パタン…
遠藤さんも
ごめんなさい

あら…
意外に素直
根は案外
悪い子じゃ
ないかも
遠藤さん
本当に妹が
申し訳ないことを
しました
!?
せ 先生
やめてくださいっ
いいや
私がいたらない
せいで
君にとんでもない
迷惑を…
実は…
私は子どもの頃
体が小さくて
ひ弱だったせいで
いじめられて
いたんです

なんだか…今の先生からは想像できません…
それもあって本の世界に閉じこもり…
人付き合いが苦手になりました
それを母親が心配して
心理相談室に連れて行かれ
いきなり知能検査と描画テストを受けさせられたんです

結果「なんともない」と言われましたがとても嫌でした
神代先生もこの検査を受けたんだ…
先生は…
そんな目に遭ったのに
どうして心理学を研究しようと思ったんですか？

私が一番辛かったのは
自分の気持ちをうまく伝えられないことと
友人はおろか親にさえ理解してもらえなかったことです
子どもながらに生きづらさを感じていました
今でもそれはまだあります
しかし
だからこそ
力になりたいと考えたのです

おかしいでしょうか?
こんな理由で心理学を志すのは…
いいえ
先生
とってもすてきです!
…ありがとう

あ
そろそろ講義の時間です
では
お先に
あ、はい
ボーンッ
パタン
先生が笑った！
ありがとうって言った！
それに…
先生が個人的なことを話してくれた…！

社会心理学の研究によると
関係が深まるとお互いの個人的なことが話されるようになり
好きな食べ物
家族
スポーツ
友達の話
子供の頃
旅行
大学の講義の事
将来の事
お互いの過去がたくさん語られ
お互いの人柄がより理解されてきます
ああ…
私と神代先生の距離は
確かに近くなってきていると思っていいんですよね…

基礎心理学から応用心理学の世界へ

01

性格心理学から臨床心理学の世界へ

Ｐａｒｔ１と２では、おもに基礎的な心理学の領域からの話をしてきました。

Ｐａｒｔ１は外界をどのように捉えるかといった知覚心理学、認知心理学が中心でした。

Ｐａｒｔ２は親子関係や心の発達をテーマとした発達心理学や恋愛についての社会心理学が中心となっていました。

いずれも基礎領域の心理学が、心をどのように捉えているかについてマンガの展開に沿うようにして述べてきました。

Ｐａｒｔ３は、そうした流れから、発展したものとして、基礎から応用へのつなぎの章となります。

マンガでは翠がさまざまな心理検査によって、彩子の本当の姿（性格と知能）をあぶり出そうとしています。そうした心理検査は、基礎と応用をつなぐよい橋渡しになります。

このパートで扱う基礎領域の心理学は性格心理学であり、その応用領域での展開として臨床心理学を考えます。つまり性格はどのように考えられてきているのかという点は、性格心理学の基礎領域の話、性格心理学をもとにした性格検査を実際に使用するのは臨床的な応用、ということになります。

人の性格はそんなに簡単にわかるものなのか？

性格についてては日常的にさまざまに語られます。あの人は明るいとか、いつも元気だとか言います。そしてそうした性格についての発言に、かなりの確信をもっています。実際にはどうなのでしょうか。そんなに簡単に人の性格がわかるものでしょうか。そこでこのパートでは、次の項から心理学の性格の考え方について紹介しましょう。

具体的に考えるために、まずは神代先生に登場してもらいます。

人の性質を分類するさまざまな「型」

02

⇩性格をタイプに分類する「類型論」

性格について考える前に、ちょっと思い浮かべてみてください。

自分の周りに明るくて元気な人はいませんか。あるいはどちらかというと暗い感じの人で元気がないような人はいませんか。

そういった人たちの体格も思い浮かべてみてください。明るくて元気な人は、どちらかというと太めの人で、暗い感じの元気がないような感じの人は細めの人ではないでしょうか。

この場合、性格から体格を思い浮かべたのでしたが、その逆に**体格からそれに対応した性格があるとする考え方**があります。それがドイツの精神科医**クレッチマー**（Kretschmer,E. 1888-1964）**の類型論**です。

クレッチマーの考えた類型論は、体型を３つに分けて考えます。**細長型、肥満型、筋肉質型**です。

細長型は、その名の通り、細い体型です。

肥満型は、太った体型です。

筋肉質は、スポーツマンのように筋肉が発達しています。

クレッチマーは精神科医なので、こうした体型論を、精神障害者の体型と精神障害の関係から導き出しました。細長型は統合失調症、肥満型は気分障害、筋肉質型はてんかんとの対応があるということを彼は見出したのです。そして、それらの精神障害の示す症状に共通性のある傾向を、普通の人の中にも想定したのでした。**細長型**は統合失調症患者が示すような特徴、つまり**非社交的、真面目といった特徴**を、**肥満型**は気分障害患者が示すような特徴、つまり**社交的で親切**といった特徴を、**筋肉質型**はてんかん患者が示すような特徴、つまり**几帳面で、粘り強いといった特徴をもつ**、という具合です。

こうした類型論を当てはめて、日常的に性格判断をしているのが、最初に述べたような明るい人は太めの人、暗い人は細めの人といった判断でした。

さてここでマンガに目を移してみましょう。

プロローグで神代先生は花に水をやり、事務の人からは、変わった人と噂されていました。さらに、Ｐａｒｔ１で彩子と本を探しに出かけ迷った時、雨の中、自分の上着を彩子

類型論の例

クレッチマー 体格と性格を関連づけて分類

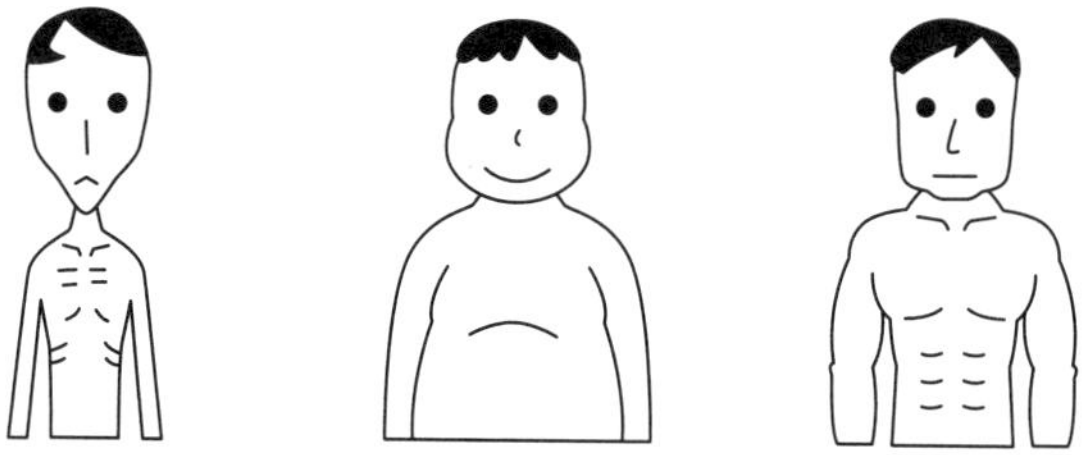

細長型
非社交的
敏感

肥満型
社交的
明朗

筋肉質型
几帳面
粘り強い

●シェルドンの体質類型学

類型	発達した体質	気質の方	特徴
内肺葉型	消化器系	内臓緊張型	社交的
中肺葉型	骨や筋肉	身体緊張型	大胆で活動的
外肺葉型	神経系、感覚、皮膚組織	頭脳緊張型	控えめで過敏

●ユングの類型学

類型	リビドー	特徴
外向型	外界に向かう	感情表出が活発で決断が早い 開放的、交友範囲が広い
内向型	内面に向かう	控えめ、思慮深い 心配し、迷うことが多い。交友範囲が狭い

リビドーとは広義には生命エネルギーのこと

にかけてあげる優しさももっていました。

こうした行動から、人と交わらないように見えながら、繊細な心をもっていることが知られます。

さて、この神代先生の身体的な特徴を見てみると、どちらかというと細長な感じです。クレッチマーの類型論にしたがえば、神代先生は細長型ということになります。細長型の性格的な特徴は非社交的で真面目、とまとめたのですが、そうした特徴は神代先生にも当てはまっています。これは驚くことではありません。というのもマンガのストーリーを考える時に、細長型を想定して視覚化しているからです。

類型論のマンガをはじめとしたメディアへの応用は、一般的に行われています。多くの青年向きマンガの主人公は、細長型で、集団に馴染まない孤高の人が多いですが、それはまさに細長型の特徴でした。これは類型論にしたがって描かれれば、主人公の性格が、観客には容易に理解される、といった経験則によるものと思われます。類型論は、その他にはシェルドン（Sheldon,W.H.1898-1977）の体質類型学、外向、内向といったように世界に対する態度から類型を考えるユング（Jung,C.G.1875-1961）の類型学などがあり、医学分野ではタイプA（過剰な活動性があり、切迫感をもつ）とタイプB（穏やかで落ち着いている）という2つに分けるものがあります。

それでは、いっぽうの彩子はクレッチマーの体型論にしたがうとどうなるでしょうか。あえて分類すれば肥満型のようにも見えます。しかしマンガで示す彩子の性格は、本の並べ方へのこだわりからもわかるように、かなり几帳面なところがあります。ただ、職場では、社交的であり、また学生には親切です。前者の几帳面さは筋肉質型の特徴ですし、後者は肥満型の特徴に相当します。

このように、類型論の難点は、彩子のように、必ずしもひとつの類型に当てはまらないことが起こるということです。そこで登場してくるのが特性論です。

特性論では、性格を類型論のように全体的に捉えるのではなく、いくつかの特徴のまとまったものとして考えます。

⇩あまたある人柄を5つにまとめる「特性論」

人柄というと、私たちは、あの人は明るい人だとか暗い人だとかいうように「明るい」「暗い」といった形容詞で表現することが多いことでしょう。そうした人柄を表す形容詞は、非常にたくさんあります。辞書から人柄を表す用語を探し出すと4千以上になるという報告もあります。そうしたたくさんの用語は、多様なように見えますが、よくよく見てみると似た用語が多いのです。例えば、「明るい人」は「元気で活動的」であったりします。つまり、用語の似たもの同士をまとめることが可能となります。では一体いくつにまとまるのでしょうか？

似ているものをまとめてゆく方法にはいくつかありますが、その中でおもなものは因子分析という統計的解析によるものです。この方法で人柄を表わす用語を分析するとだいたいどこの国の研究でも5つにまとまります。

それらの**5つの因子のことをビッグ・ファイブと呼びます。**

ビッグ・ファイブの因子は、**神経症傾向、外向性、開放性、調和性、勤勉性**です。人の性格はこの5つで表わされると考えます。

神経症傾向は、危機に出会って反応しや

ビッグ・ファイブ（特性論）

神経症傾向	反応しやすい傾向
外向性	積極的、活動的な傾向
開放性	新しもの好きな傾向
調和性	周りに合わせる傾向
勤勉性	目的をもって行動する傾向

すい傾向を言います。この傾向の高い人は敏感ですが、低い人はものに動じません。

外向性の高い人は、積極的で、活動性に富みますが、低いと内向的となり、控えめで、物静かです。

開放性の高い人は、新しいもの好きで、遊び心がありますが、低い人は堅実で、伝統に従うことを好みます。

調和性の高い人は、周りの人に合わせて行動しやすいですが、この傾向の低い人は、自身の独自性を強調します。

勤勉性の高い人は、目的をもって成し遂げようとしますが、低い人は、余りこだわらず、仕事に関しても執着をもちません。

先にも述べた類型論は、「その類型に当てはまるか否か」を決めましたが、ビッグ・ファイブの考え方は、それとは異なり、人は5つの因子の特徴をすべてもっていて、ただそれらの程度が個人によって異なると考えます。

この考え方を特性論と言います。

質問紙法の性格検査の多くは特性論の考え方にしたがって作られています。

その心理テストは本物ではないかも⁉

03

本当の心理検査に必要なものとは

さてここで、プロローグで彩子が神代先生に批判された（18頁）雑誌などの心理テストについて考えてみたいと思います。

なぜ、雑誌などの心理テストが質問紙法人格検査のひとつに数えられないのか。

それには理由があります。

実際の質問紙法人格検査を含めた心理検査は、その検査が目的のもの（例えば人格、知能）を調べているかという妥当性、繰り返し行っても安定して結果が得られるといった信頼性が確認され、そうしたデータが公表され、そうしたデータに基づいて結果の解釈が行えるマニュアルができているものなのです。

そういった視点で見ると、雑誌の心理テストはこれらの妥当性、信頼性が保証されていません。したがって、神代先生は心理検査ではないと言ったのでした。

心理検査には、大きく分けて性格検査、知能検査、その他の検査があります。性格検査には質問紙法、投映法、作業検査法があります。

⇩さまざまな性格検査の方法

質問紙法による性格検査は、たくさんの質問項目に回答することで性格が計られます。ビッグ・ファイブの5因子論にしたがったものにはＦＦＰＱ（Five Factor Personality Questionnaire）やＮＥＯ－ＰＩ（Revised NEO Personality Inventory）があります。

現在、**質問紙法による性格検査は非常にたくさんあります**。日本でよく使用されているものには、ＹＧ性格検査、ＭＭＰＩ、ＭＰＩ、ＣＭＩ健康調査票などがあります。

性格検査には、質問紙法の他に**投映法**によるものがあります。

代表的な検査は、ロールシャッハ・テストです。ロールシャッハ・テストではあいまいな図版を使用します。かつて私がこの検査を実施した際に、検査を受けた人が「ついにここまで来たか」と思ったと後で語ってくれました。つまり、この検査を受けることに絶望的な気分をもつ人もあるようなのです。

一般的に、ネガティブな印象が流布しているのでしょう。その理由のひとつには、映画などの映像メディアで、実際に使用されているロールシャッハ図版が、誤った使い方で描かれることに由来する部分もあるでしょう。こうした映像メディアでの使用については、本来厳しく制限されるべきものです。人々に誤ったイメージを与え、先入観を植えつけてしまっては、本来の検査が、うまく機能しなくなってしまいます。ここまで来たか、といった感想もそうしたひとつの表れと思われます。

投映法では、人間のもっている想像する力を発揮するように促します。空の雲を見れば、そこに何かの形を発見することは簡単にできます。ロールシャッハ・テストでも同様に、あいまいな図柄を提示して、そこに何が見えるかを語ってもらいます。あいまいな図柄に何かを見るとすると、そこには見るための心の働きがあることになります。その心の働きを、これまでに蓄積されたデータを参照しながら探っていきます。あいまいな図柄であっても、多くの人がそこに共通のものを見ることがあり、そうした誰でもが見るようなものを多く反応するとすれば、それは平均的な傾向の人である考えることができます。場合によっては、その人独自の見方で反応する場合もあります。そうした場合には、独自性の中にある心理的な機制を考えてゆきます。

投映法性格検査には、他には、書きかけの文章を完成させる文章完成法テスト、マンガのように2人の対人場面が描かれており、左の人が言ったセリフに右側の人がどのように答えるかを空欄に書き込むＰ－Ｆスタディ、想像を喚起するような刺激的な場面を見てそ

心理検査の種類

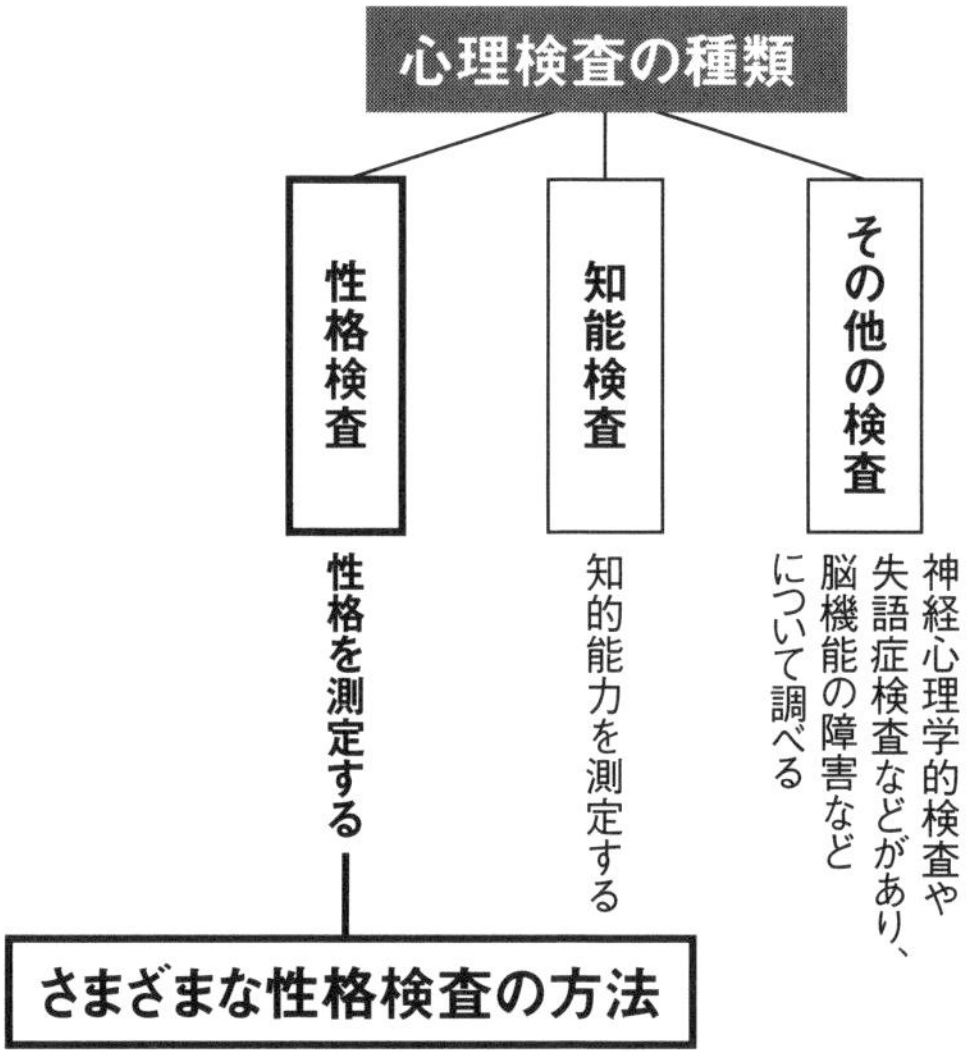

検査法	内容	代表的な検査
質問紙法	質問紙の質問項目に回答させることで性格を調べる	YG性格検査、MMPI（ミネソタ多面人格目録）など
投映法	曖昧な刺激を与え、それへの反応から性格を調べる	文章完成法テスト、P-Fスタディ、TAT ロールシャッハ・テスト、バウム・テストなど
作業検査法	受検者に作業を課し、反応パターンから性格を調べる	内田クレペリン精神検査

こから物語を作らせるＴＡＴなどがあります。

翠が採用していた描画テストもここに含まれます。描画テストの中の、樹木を描かせる課題でした。この検査はバウム・テスト（バウムはドイツ語の「木」）として知られています。

バウム・テストについては、次のＰａｒｔ４で登場します。

Column

心理検査の使われ方と絶対守るべきこと

実際のところ心理検査はどう使われるのか？

神代先生は彩子に向かって子ども時代の記憶を語りました。それは、自身が、専門機関で心理検査を受けたことがある、というものでした。こうした心理検査の使用の実際が、心理学の応用ということになります。

本の世界に閉じこもり、結局部屋に閉じこもってばかりいた彼を、母親が心配したのでしょう。専門機関に彼を連れて行ったのです。

さて、このような状況では、専門機関ではどうするでしょうか。一般的に考えてみましょう。

まずは母親からよく話を聞きます。子どもの様子もよく観察します。子どもからも話を聞きます。

これらの面接と観察は、心の問題を明らかにする心理査定のために行われます。

そして場合によっては、心理査定のひとつとして心理検査がさらに実施されます。面接や観察だけでは判断がつかないような時に、心理検査が導入されることが多いのです。そこで性格検査や知能検査を実施することになります。

面接、観察、心理検査の結果を総合し、心に問題があるかどうかを査定します。その査定にしたがって、どのように対応してゆくか考えます。

簡単に言えば「心の問題があるのか」「あるとしたらそれはどのようなものか」「それにはどのように働きかければよいか」といったことが査定で導き出されてきます。

「心の問題があるのか」「あるとすればどのような心の問題か」ということは、診断をするための補助情報を得るということです。「どのように働きかければ」ということは働きかける（介入）方法についての情報を得るということです。

通常は、心の問題があると想定された場合に、次にどのように働きかけるかを決め、実施します。心の問題が、うまく解決してゆけばそのまま続けますが、うまくいかない場合には査定をやり直すこともあります。

ちなみに、子どもの神代先生は、心理査定の段階で、心の問題はないと査定され帰されました。

しかし彼の心には、心理検査を受けたことの、わだかまりが残りました。

心にわだかまりが残っては、心理検査が、かえって問題を残すことになってしまいます。

したがって、心理検査の実施についても、その結果の伝え方にも、充分な配慮が必要になるのは言うまでもないことです。

残念ながら、神代先生は、そうした充分な配慮を受けなかった可能性があります。

なぜ神代先生は翠を「馬鹿者」呼ばわりしたのか？

心理検査についてはもうひとつの場面がマンガでは描かれています。それは翠が彩子に実施するというものでした。

この時の翠の動機はどんなものだったでしょうか。

翠は、彩子が兄にふさわしい相手かどうかを心理検査で調べようと考えたのでした。実施したのは性格検査と知能レベルを計る知能検査でした。

ここでこうした心理検査の使用が、先ほどの心理査定の状況とどのように違うのかを明らかにしたいと思います。

大きな違いは、翠の個人的な関心による心理検査の使用ということでした。

心理検査は、先の場面では、心理査定の用具として、他の査定と一緒にして行われ、次の介入のための手がかりを得ることが目的で行われていました。

心理検査の使用は、あくまでも、クライエント（来談者）に対する利益のために行われるものなのです。

そこには、検査をする検査者の個人的な利益が入りこんでいてはならないのでした。翠の場合、個人的な利益のために、心理検査を実施してしまいました。これは倫理に反するものでした。

神代先生が激怒したのには理由があったのでした。

心理検査の使用においては、受けた人にわだかまりが残らない（傷つかない）ように配慮する必要があると同時に、その人の利益になるようにすることが望まれるのです。

じつは、マンガでさらっと描かれた「倫理的な問題」を整理しておくことは重要です。

神代先生は子ども時代に心理検査を受けて心にわだかまりを残しました。これは相手を傷つけてはいけない、傷つける恐れのあることをしてはいけない、という倫理に反していたことになります。

翠は個人的な動機で心理検査を実施しました。相手を利己的に利用してはいけないという倫理に反していました。

また翠は心理査定の初心者です。専門的な訓練を受けた範囲で、相手の福祉・健康に働きかけるのが臨床心理士でした。その訓練を受けていない行為は倫理に反するものでした。

倫理については、これら以外にも、厳しく制限されています。

04 IQ180は本当に天才？

知能検査のなりたち

194頁でさまざまな性格検査について紹介しました。ここでは、翠が彩子をたきつけて実施していた知能検査について、それがどんな内容のものかを簡単に見てみたいと思います。

知能検査は1905年、フランスのビネー（Binet,A. 1857-1911）が始めたものが最初と言われています。その検査は、学校の授業についていけない子を早期に発見し、専門の先生が少人数での指導を行うことができるように作られました。実用的な目的にしたがって作られたものでした。これがビネー式知能検査です。

その後アメリカのターマン（Terman,L.M.1877-1956）が、ビネー式知能検査に精神年齢と知能指数（IQ）といった概念を取り入れました。これが1911年にまとめられたスタンフォード・ビネー知能検査です。

日本では、1941年、鈴木治太郎（1875-1966）によって鈴木・ビネー検査が、19

54年、田中寛一（1882-1962）によって田中・ビネー知能検査が作成されました。その後、田中・ビネー知能検査は改訂が加えられて、使用されています（田中ビネー知能検査Ｖ（ファイブ））。

ビネー式では、実年齢よりも上の課題が解ければＩＱは100を超え、解けなければ100より低くなります。つまり、知能が高ければ、知的な作業に優れていると考えられ、知能という1次元のものを考えます。

しかし、その後、人にはさまざまな能力があり、それらの能力の総体が知能であると考えられるようになりました。そうした考えに従って、1939年にウェクスラー式知能検査が作られました。

この知能検査では大人向けのもの（ＷＡ

さまざまな知能検査

知能検査の形式	検査の特徴	検査の名称
個別式知能検査	個別式知能検査は1905年フランスのビネーによって開発され、全世界で使われるようになった。ビネー式、ウェクスラー式が代表的。	ビネー式 鈴木・ビネー検査 田中ビネー知能検査Ⅴ（ファイブ） ウェクスラー式 WAIS-III知能検査 WISC-IV知能検査 WPPSI知能診断検査
集団式知能検査	集団式知能検査は第1次世界大戦の時に能力によって軍の階級を決めるために開発された。その後、あまり活用はされていない。	田中A－2式知能検査 TK式田中B式知能検査 京大NX知能検査　など

ＩＳ－Ⅲ知能検査）と子ども向けのもの（ＷＩＳＣ－Ⅳ知能検査、ＷＰＰＳＩ知能診断検査）が用意されています。

ウェクスラー式知能検査では、言語を媒介とする言語性検査と動作を媒介とする動作性検査から構成されており、それぞれに対応した知能が測定できるようになっています。知能はＩＱで表され、平均が１００、標準偏差が15となるように作成されています。

これまでに説明した知能検査は、検査者と、検査を受ける人が1対1の関係ですので、個別式知能検査と呼ばれます。

これに対し、集団で実施可能な知能検査も作られており、集団式知能検査として知られています。集団式知能検査は、アメリカで、第一次世界大戦の時に、たくさんの軍人を徴用し、知能の高低で職位などを決める必要性があって発展しました。

⇩ＩＱを数字だけで判断してはいけない！

いずれにしても知能検査は実用を目指して作られてきています。

ここで注意しなければいけないことを述べておきます。

知能検査の結果は知能指数といったように数字で示されます。**知能指数は、知能を示すものではありますが、その数字だけで判断しないような注意が必要です。**

マンガの翠が知能レベルを測りたいと思った背景には、数字で知能がわかるといった思いがあったと思われます。試験の成績と同じ感覚です。しかし、知能検査で得られるのはそうした試験の成績と同じものではありません。

というのも、検査結果には、感情や意欲が影響しますし、検査場面での人間関係も重要です。知能以外の要因が、結果に大きく関わってきます。

例えば、簡単な課題が出されて、「バカにされた」と思う高齢者の方は、意図的にできないと言ってしまうケースがあります。そうすると過度に低い結果が出てきてしまいます。これでは、検査結果は、正確に知能を反映したものとはなりません。検査場面での様子を勘案しながら、検査結果を解釈しなければなりません。

つまり、検査場面での注意深い観察で、検査を受けている人の様子を、よく見ておき、最大限の力を発揮しているかどうかの確認をするのです。またそのように力が発揮できるように、検査者は使用する検査に熟達していなければなりません。検査者はよい観察者であるとともに、使用する心理検査についての熟達者でなければなりません。

誰もが簡単に心理検査を使用できるというものではありません。長い訓練を経て、上達してゆきます。そのため、残念ながら、熟達しているとは思えない翠の検査結果は、臨床現場の使用に耐えうるものかどうかは疑わしいと思われます。

テストバッテリーとは

目的に沿って検査を組み合わせる

翠が彩子に実施したのは知能レベルを測定する知能検査とバウム・テストでした。知能検査で何を使用したのかは具体的には語られていませんが、1対1の対人場面で行われましたので個人式知能検査が使われたことは間違いないところです。

翠が行ったように複数の心理検査を組み合わせて心理査定を行うことを、テストバッテリーを組むと言います。

個々の検査は知能検査ならば「知能」、性格検査ならば「性格」、といったように、特定の目的を達成するために作られています。心理査定の目的が、診断的補助であるとするならば、知的レベルの問題なのか性格の問題なのか、それとも両者の問題なのかが問われることになります。それに応えるためには、両者を明らかにするような心理検査を実施する必要が出てきます。そのため、一般的に臨床現場では、テストバッテリーが組まれて心理査定が行われます。

臨床心理学はどんなところで使われているの？

05

おもな5つの活動現場

これまで臨床心理学の具体的な例を、マンガを手がかりとして語ってきました。例えば、翠が彩子に心理検査を実施したことや、神代先生が幼い頃、心理相談室に連れて行かれ、心理検査を受けた画面がそれに当たります。このように、臨床心理学では心理検査などを手がかりとして心の問題を扱い、その問題をより適応的になるように働きかけます。

では、ここで実際に臨床心理を専門とする人がどのような場で働いているのかを簡単に紹介しておきたいと思います。

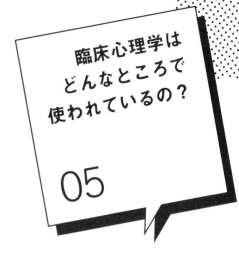

臨床心理の活動現場は、おもに**「教育」**、**「医療・保健」**、**「福祉」**、**「司法・矯正」**、**「産業」**の5つがあります。これら以外にも、大学・研究所と知った研究機関、あるいは個人開業があります。ちなみに、神代先生は、専門が臨床心理学ですが、その活動の場は大学・研究機関ということになります。

「教育」の現場では、よく知られているのがスクールカウンセラーです。大学院で臨床心理学を学ぶ学生の多くが目指しているのがこのスクールカウンセラーです。その他には学生相談室、心理教育相談室、教育相談室などがあります。

「医療・保健」の現場のおもなものには、病院やクリニックがあります。

「福祉」の現場には、児童相談所、児童福祉施設などがあります。

「司法・矯正」の現場には、家庭裁判所、少年鑑別所などがあります。

「産業」の現場には、企業内の健康管理室などがあります。

これらの領域の中で、「教育」と「医療・保健」の２つの領域が全体の50％を占め、人気の領域となっています。

臨床心理の現場

教育	スクールカウンセラー、学生相談室など
医療・保健	病院、クリニックなど
福祉	児童相談所、児童福祉施設など
司法・矯正	家庭裁判所、少年鑑別所など
産業	企業内の健康管理室など

このほかに、大学・研究所、あるいは個人開業などがあります！

⇩専門知識も大切だけれど……

いずれの領域でも、臨床心理の専門家は、他職種の専門家と連携を図って活動することが望まれています。その意味では、あいさつをしたり、笑顔を見せたり、お茶飲み話をしたりといった、日常的なふれあいの積み重ねが連携をよくしていきますので、人間力をよく磨くことが必要になります。これは臨床心理の専門家だからということではありませんが、よき常識人であることは、どの現場においても必要なことです。

例えば、彩子のように笑顔で人に接してくると、接せられた人も笑顔を返したくなります。そうした人柄が、現場を和ませることになり、現場で受け入れられれば、そこでの活動がしやすくなります。

「臨床心理の専門家です」と偉そうに振る舞っても、現場で受け入れられなければ、何もできません。

…ありがとう

Part 4

心の動きと「問題」を捉える
――面接法を中心に――

Story 4
切り株から生えた芽の意味は?
あれから私と翠さんは仲直りをしました
今では翠さんは時々研究室に遊びに来て私に進路相談をしています
神代 祐介 研究室
…だからね
私としてはもっと心理学を学び続けたいの
臨床心理士の資格を取ってスクールカウンセラーとして働くとか
心理学の博士号をとって大学教育に携わるか…
どっちにしても博士課程へ行かなくちゃね
そうね

彩子さんはどうなの？
え？
将来のことよ
ずっとここで助手の仕事を続けていくの？
将…来…？
この時の翠さんの言葉は
思いのほか私の心に刺さり

自分の進路や将来のことを
真剣に考えたことがなく
なんとなくで
今まで生きてきた私は
彩子
この中学に
しなさい
大学まで
エスカレーター
だから
遠藤さんは
就職まだ
だって？
ある大学の助手に
空きがあるんだけど
これから自分が
どうすればいいのか
わからなくなってしまい
す…
私は
神代先生のもとへ
通うことが
できなくなったのです——

1カ月後
おにいちゃん
最近彩子さん来てないけどどうしたのかしら
カタ
カタ
さあ…心当たりがないな
カタ
カタ
でも…
この大学に来る度に見かける彩子さんの様子が…
あっ彩子さん
彩子さーん
あれ？
とぼ
とぼ
だんだん元気がなくなっていってるのよ？
何かに悩んでいるんじゃないかな…
さ…
どよ〜〜ん…
おにいちゃん聞いてない？

さあ…
カタ
カタ
さあっ…て
ちょっと冷たいんじゃ…
はっ
くたぁ…
植物が…
そういえばここの植物はずっと彩子さんがお世話してたっけ
おにいちゃん人より植物が好きなのに黙って任せてた…
おにいちゃん
あんなに大切にしていた植物がこんなになっているのに
どうして気づかないの?

それとも
彩子さんを
待っているの?
ぎゅっ
もしかして
おにいちゃんも
彩子さんのこと…
彩子さんと
出会って
変わったね…
おにいちゃん…
カタ
カタ
それから
さらに数日後――
カツ
カツ
心理学科
遠藤さん
この頃変よ!?
どうしちゃったの!?

最近ミスばかりでちっとも仕事に身が入っていないいじゃない!
すみません…
次は気をつけますから…
もうこっちはいいから!
とぼ
とぼ…
あっ…
遠藤さん
はっ

しばらく見なかったので心配していたんですよ
……
……せ
先生…
私…
翠さんの話を聞いているうちに
今までなにも考えてこなかった自分に気がついてしまって…
これから自分がどうしたらいいかわからなくなって…

何をしても気分が落ち込んじゃって…
先生にも合わせる顔がなくって…
いつもと比べて暗い表情
気分の落ち込み
うつむきがちな視線
動作や話し方の変化
これは本格的なうつ状態…かもしれない…
遠藤さん
よかったらもっと話を聞かせてくれませんか?
先生が…私の話を…?

神代 祐介
研究室
それでは最近の様子を教えてくれませんか？
はい…
……えっと… 最近…は夜眠れないし
変な夢を見るし
なんだか落ち込んじゃって…
夜眠れない…
はい…寝つくのが2時か3時…
2時か3時…

…寝ても
変な夢を見る…
夢を…
夢…
大きな木…
木が…自分
木が自分…
木が…自分で…
動こうとするけど…
動けない…
木だから…それで…
ぬっ
それで…
チュイイイイイ
切り倒されちゃう…
チェーンソーで…

誰に？
…誰にだろ
…誰？
エッ!?
誰に？
…み…
ど…り…
翠さん!
…翠さんが
なんで…
翠さんが
私の木を切り倒した…
…のはどうして…

翠で何を連想しますか？
翠さんで…
あ…
そうか…
私…
まぶしいんだ
何事にも一生懸命な翠さんの姿がまぶしかった
それに引き換え私は…

そっ
これ…
私の絵…
はい
あの時の
描画テストの
結果です
適切に処分
するつもりで
保管していました
今どうしていいか
わからないように
見えますが
トーン

…でも
切り株に
新しい芽が出ている
…未来を目指して
新たな展開が
始まっているように…
新しい展開…
私も…ちゃんと
未来に向かって
いるんですね

これは後から気づいたのだけれど――
この時 私は神代先生にカウンセリングされていたのです
先生の話し方や声
そして 私のことを思って 一心に聞いて くれた姿勢が
私の心のもやもやを晴らしてくれました
その後しばらくして 私は以前のように 先生の研究室を 訪ねるようになりました
コンコン
ガチャ
神代先生 ちょっと いいですか?

ああ彩子さん
この調査データについてなんですけど…
ところで彩子さん
ここを辞めるという決心は変わりませんか

はい！
心理検査は今の自分を見事に示してくれました
心理学は面白い！
もっと心理学を知りたい勉強したいと強く思いました!!
だから大学院に進学しようと思います
大学院に入って臨床心理士の資格取得を目指します
コト
そうですか…

毎日仕事の邪魔しにくる人がいなくなったら
助かるような…寂しいような…
うふふ
先生聞いてください
私初めて人生の目標ができたんです
ほう
それは素晴らしいですね
どんな目標なんです？

それは
いつか先生と一緒に
心理学の研究をすることです!

心の問題とはどんなもの？

01

⇩元気だった彩子が抑うつ的に

元気だった彩子は、いつしか元気がなくなってしまいました。一体どうしたのでしょう。

仕事ではミスが多くなり、そのため先輩職員からも怒られてしまいました。表情は暗くなり、声も小さくなりました。

どうも抑うつ的になってしまっているようです。

「抑うつ」とは気分が沈む状態のことですが、軽いものは、多くの人が体験します。しかし仕事に影響が出るようになっては大事です。心の問題を考えてみる必要がありそうです。

彩子の状態を深く見ていく前に、一般的に心の問題とは心理学でどのように考えているか見てみましょう。

⇩心の問題とは自分の心に囚われること

心の問題は、彩子を見てもわかるように、外見に現われてきます。先ほどもあげたように元気がなくなってきた、仕事のミスが多くなる、表情が暗くなる、声が小さくなるなどです。これらは身近にいる人たちに気づかれる変化です。ストーリーの中で気づいたひとりが翠で、心配して神代先生に報告しました。神代先生は実際の彩子を見て、介入します。つまり、面接を行って、彩子の心のもつれをほどいたのでした。この面接が、臨床心理学領域でのおもな方法論となります。

彩子の行動の変化は、周囲への適応が妨げられる方向での変化として現れましたので、周りの人が心配しました。多くの場合、同様に周囲の人がその人の様子を心配して、クリニックや病院に連れられて来ます。彩子が、翠の心配によって、神代先生の面接を受けることになったようにです。

面接は、心のもつれをほどくための方法でした。そこで扱っているのが、彩子の心の中の出来事でした。**心の問題は、自分ではよくわからないのですが、周囲への関心が行きとどかなくなってしまうほど自分の心に囚われてしまいます**。自分ひとりの力ではいかんともしがたい状態になります。そこに「面接者」という他者が必要になるわけです。面接者は、心のもつれを自分のことのように捉え、それをどのようにしてほどいたらよいのかを気づいてもらうように、相手に接します。

⇩「異常」な状態を4つの切り口で考える

では、あらためて心の問題を、心理学ではどのように捉えているのか見てみましょう。心理学の世界では、「心の問題」は通常は「異常」という言葉で表わされます。

異常については次のような4つの捉え方があります。

ひとつは**社会に適応しているかどうかで判断するもの**です。社会に適応できていれば正常、適応できていなければ異常ということになります。この定義は、わかりやすいもののように思われます。しかし社会そのものに偏りがあった場合には、その社会に適応しているからといって正常と言えるでしょうか。身近な例で考えれば、非行集団があります。この集団に適応しているとしても、正常とは言いがたいでしょう。

2つめの考え方は、**価値的基準**です。つまり道徳や法律のような規範にしたがって行動していれば正常、反していれば異常という捉え方です。これは当たり前のように感じます。しかしよく考えてみると当てはまらないようなことが出てきます。例えば、かつては同性同士の結婚は、あり得ないこと（つまり「異常」なこと）であったと思いますが、最近ではそうした結婚形態を認めるようになっているのが世界的な趨勢です。こう考えると、価値のありかたが時代とともに変化し、かつてはおかしいと考えられていたことでも、そうではなくなることも起こります。

3つめの考え方は、**平均的**ということです。統計的に平均的であれば正常、平均から外れると異常という考え方です。これもなるほどと思います。しかし知能を考えた時に、平均から大きく外れたものでも、高い方に外れたものは天才と呼ばれることになりますので、異常というには問題があります。

4つめの考え方は、**病理的に問題があるかどうか**で異常を判断するというものです。つまり医学的な見地から、健康と判断されれば正常、疾患と判断されれば異常ということです。これも、もっともな考え方と言えます。とは言うものの、ここにもいささか問題があります。疾患と捉えるた

「異常」の定義

異常とは

- **適応していない**
- **規範にしたがっていない**
- **平均から外れている**
- **疾患である**

めの診断基準は、改訂が続けられており、固定していません。新しい診断名が出てくることもあります。

こうして見てくると異常（心の問題）ということはなかなか定義が難しいということがわかります。学問的には、定義から始まらないといけないのですが、それがままならない領域が臨床心理学の領域であるわけです。それは実践の学であるからでもあります。そこでどうするかと言うと、４つめの異常の考え方を、参考にします。コラム（２３７頁）で述べているように、異常については診断基準が用意されています。この診断基準によって心の問題について共通イメージをもつことができ、研究者間で意見交換が進展するようになりました。

⇩心の問題にはどのようなものがあるか

先の彩子の例にもう一度戻ってみましょう。彩子は「抑うつ的」と考えられました。抑うつ的とみなされた根拠は、元気がなくなってきた、仕事のミスが多くなる、表情が暗くなる、声が小さくなるなどいった行動変化によるものでした。これら行動変化は、これら以外にもあり得るでしょう。面接の場面で、よく眠れないといった発言もありました。夜にしっかり眠れなくなっていたのです。こうした個々の行動変化は「症状」と言われるものですが、たくさんの症状を併記しては、わかりにくいので、それらをひとまとめにして「抑うつ的」と判断するわけです。この**「抑うつ的」な状態が、より重度で長く続くと「うつ病」と診断されるようになります**。

さて、心について基礎心理学では、知覚、認知、思考などと機能に分けて考えていました。心の問題を考える時にも、心の機能を考えて、それぞれの異常を考えます。異常を障害という言葉に言い換えて、例えば、知覚障害、思考障害、記憶障害、知能障害などと言うわけです。

知覚障害では、現実には存在しないものを見たり（幻視）、現実にはない音を聞いたりします（幻聴）。**思考障害**では、考えがまとまらなくなり、話がトンチンカンになったりします。**記憶障害**では、聞いてもすぐ忘れてしまい、お昼に何を食べたかも覚えていないようなことが起こります。**知能障害**では、知能の遅れや、知能の低下が起こります。

ここで述べたのは、認知的な側面の機能についての障害でしたが、感情や意欲を含めた心の全体的な障害（精神障害）も起こります。

精神障害には、統合失調症、双極性障害、抑うつ障害など多くのものがあります。

統合失調症では、その症状として「妄想、幻覚、まとまりのない発語、ひどくまとまりのない、または緊張病性の行動、陰性症状」（DSM-5）があげられています。妄想は、人に追いかけられていると思い込む被害妄想や、自分は偉大な発明家であると思い込む誇大妄想などがあり、現実にはあり得ないようなことを現実だと思い込んで、周りから誤りを指摘されても、その思い込みはゆるぎません。幻覚と妄想が一緒になることが多く、その場合には幻覚妄想状態と呼ばれます。緊張病性の行動というのはわかりにくいかと思います。これは興奮して暴れまわったり、逆に全く動かなくなったりする運動の障害のことです。陰性症状は、通常ある機能が失われることを意味しており、思考が貧困になり、何かしようという自発性がなくなるような状態のことを言います。このように統合失調症では、思考、感情、意欲などが全体的に侵されます。

双極性障害はかつて躁うつ病と言われていたものに相当します。気分が高揚する「躁病エピソード」と気分が沈む「抑うつエピソード」が組み合わさっている障害です。

抑うつ障害は「躁病エピソード」がない、「抑うつエピソード」だけの障害です。うつ病は、この疾患群の中のかつての呼び名ということになります。

抑うつ障害の症状の中に抑うつがあります。

彩子の示している症状には抑うつがありますが、抑うつ障害の診断基準を満たすほどのものではありませんでした。先に述べたように、抑うつ状態がより重度でより長く持続したものが抑うつ障害と呼ばれます。

Column

心の問題を診断するための手引き

アメリカ生まれの診断基準

心の問題を診断のための手引きはいくつか公刊されており、そのひとつがＤＳＭという診断基準になります（「ＤＳＭ－５精神疾患の診断・統計マニュアル」（２０１４））。ＤＳＭはアメリカで作られた診断基準であり、それが日本でも使用されています。その理由のひとつには初学者でも比較的使いやすいという利点があります。と言うのも、症状リストの中でいくつ当てはまれば診断できるといったように、基準が明確に述べられているからです。ただ症状がどのような発生機序で生じてくるのかといった発想はありません。時代に合わせて改訂が行われてきています。改訂の度に診断名が膨大な数になって来ていて、現代では大きな辞書のサイズになっています。

うつ状態をひもとく

02

⇩ABCモデルで考える

精神障害の診断は、DSM（237頁参照）によって、症状を捉えて、症状リストをいくつ満たすかといったことで成り立っています。つまり精神障害がどのような原因で起こってくるのかといった点については考慮されていません。

それに対し心理学では、症状がどのような経緯によって生じるのかといったプロセスを重視し、そのモデルを考え出しました。

取り上げられることの多い症状のひとつが抑うつです。抑うつについての心理モデルが提示され、そのモデルに基づいた介入が考えられています。

モデルのひとつにティーズデイル（Teasdale,1985）のものがあります。簡単に説明してみましょう。

まず挫折のような体験をするとします。これが出来事（A）です。この出来事を嫌だと認知したとします。これが認知（B）です。そうすると気持ちが落ち込み、軽い抑うつを味わうことになるでしょう。これが感情（C）です。ABCの流れで症状の生起を考えますので、こういったモデルを**ABCモデル**と言います。

通常は、抑うつになったとしても短い時間で回復し、もとに戻ります。

しかし、抑うつ的になると、独特な思考パターンが現れてきます。つまり、ネガティブなことばかり思い出しやすくなり、普段ならそれほどでもない体験を嫌だと感じるようになります。抑うつ的な考え方のパターンが現れてきます（D）。こうなると最初のAがより嫌悪的に感じられるように、ループができてしまって抜けられなく

ディーズデイルのABCモデル

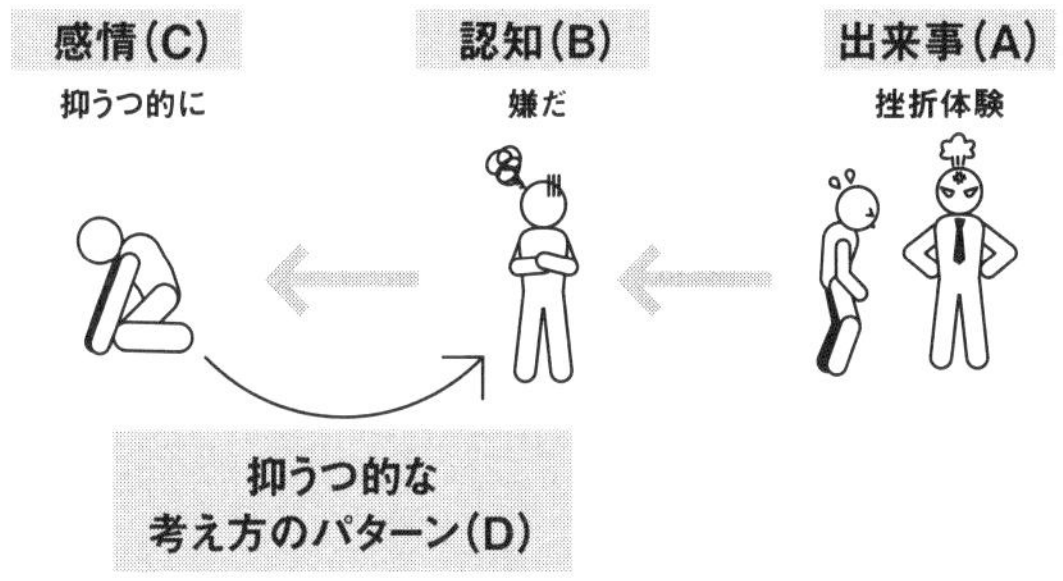

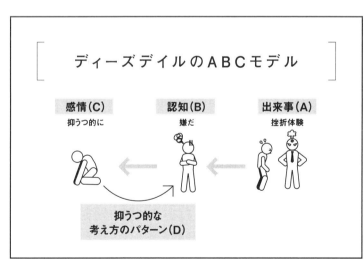

なります。こうして抑うつが高まっていってしまう、と考えるわけです。

⇩彩子はなぜ抑うつのループにはまったのか？

では、彩子の場合について見てみましょう。

Ｐａｒｔ４の初めで彩子は翠と楽しそうに話していました。その翠の話を聞いて、どうも抑うつ的になったようです。

将来を見据えて、前向きに、目標を定めて生きている翠を見て（出来事Ａ）、自分を振り返ったのでしょう。「私は将来について何も考えていない。ダメな人間だ」と思いました（認知Ｂ）。それで気分が落ち込むことになってしまいました（感情Ｃ）。「振り返ってみると、今まで何もしないで生きてきた。失敗ばかりしている」と思えてきます（考え方のパターンＤ）。

こうして抑うつのループができあがり、そこから抜け出せなくなってしまったというわけです。

彩子が抑うつ的になったプロセス

出来事(A)
挫折体験

前向きに
将来に向かって
目標を定めている
翠を見る。

認知(B)
嫌だ

「私は将来について
何も考えていない。
ダメな人間だ」と思う。

感情(C)
抑うつ的に

気分が落ち込む。

抑うつ的な
考え方のパターン(D)

「振り返ってみると、
今まで何もしないで生きてきた。
失敗ばかりしている」と思う。

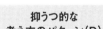

代表的な心理学的介入法

03

心の問題から抜け出せなくなっている人に働きかける心理的介入法には、多くのものがあります。代表的なものに精神分析、分析心理学、行動療法、認知行動療法などがあります。簡単に紹介しましょう。

⇩精神分析

精神分析は、フロイト（54頁参照）**によって提唱された精神分析理論をもとにしています。この理論では、無意識が私たちの問題行動を決定していると考えます。**無意識は、本能や欲動で、意識に上りにくい心の部分です。努力すれば意識化できる心の部分を前意識、気づいている心の部分が意識です。

私たちの問題行動は、過去において、解消されなかった心のわだかまりが、無意識に、今に影響することで成り立つと考えます。例えば、初めて会った人によい感情をもたないのは、小さな頃に意地悪をされて不快な気分を体験した叔父さんに似ている風貌をしている、などということが起こりえます。

また精神分析では、**心の構造を自我、超自我、イドの3つの力のバランスで考えます**。自我は、イドと超自我のバランスを取ろうとします。イドは本能的欲動で、「～したい」と考えますが、超自我は両親の教えやモラルで代表されますので「～してはいけない」と禁止します。つまりイドと超自我は対立します。この両者をなんとか仲介しようとするのが自我の働きになります。自我の働きが弱まり、バランスが崩れると心の問題が生じます。

心のバランスが崩れた時に、自我を守るために無意識的に働く機能があります。それを防衛機制と言います。

抑圧という言葉を聞いたことがあると思いますが、精神分析では抑圧は防衛機制のひとつに数えられています。イドの欲望を自我が受け入れられないと、その欲望は抑圧されて無意識となります。

しかしその欲望は、無意識の中にあって、「悪さ」をします。心がうまく機能できないようにしてしまうのです。そこで精神分析では、抑圧している欲望を意識化させて、心の中に生じている緊張を和らげます。そのための方法が自由連想法として知られる技法です。

⇩分析心理学

分析心理学は、ユングが創始した考え方です。ユングは、フロイトが考えた無意識に相当するものを個人的無意識と呼びました。ユングの独創的な点は、個人的無意識のさらに下に集合的無意識を想定したことでした。

ユングがかかわったのは統合失調症患者であったことから、その治療経験の中で、集合的無意識が想定されました。統合失調症患者の話の中に、その患者が知りえないようなとても古い本に記された神話の中に同様な話を発見したことから、そのアイデアが生まれました。つまり個人の経験を超えた、人類に共通する普遍的なイメージがあると想定したのです。

こうした集合的無意識は、個人は夢で体験しますので、分析心理学では夢分析を行います。

⇩行動療法

行動療法は、学習心理学を基本にして発展した心理療法です。つまり問題行動は学習の原理によって身についたものなので、その問題行動は学習の原理を応用することで解消できると考えます。

学習の基本は条件づけと呼ばれています。それには**「古典的条件づけ」**と**「オペラント条件づけ」**があります。その他に**「観察学習（モデリング）」**があります。

「古典的条件づけ」については、よく知った体験を私たちはもっています。梅干を食べる時に唾液が出ますね。ところが、梅干を思い浮かべただけでも同様に唾液が出てきます。これは梅干を食べて、唾液が出るという体験を繰り返したことで条件づけられ、梅干を考えただけで唾液が出るようになったものです。問題行動も同様に学習してしまったと考えるわけです。

「オペラント条件づけ」は、自発的な行動があった時に、それを褒めると、その行動が起こりやすくなる、といった、子どものしつけを考えればイメージしやすいと思います。問題行動も、その人にとっては、何らかのメリットがあったので獲得されたと想定されます。

「観察学習」は、人の振る舞いを見て、その振る舞いを真似て行動することを言います。つまり、問題行動が他者の行動を真似て起こると考えます。

こうした行動の原理を、問題行動をなくす方向で応用するのが行動療法です。

⇩認知行動療法

　認知行動療法は、現在世界的に広がっている心理療法です。

　この療法では、問題行動を示す個人の、否定的で不合理なものの捉え方を想定し、それを改めるように働きかけます。

　先に、抑うつのＡＢＣモデルを提示しました。繰り返しになりますが、認知療法では、Ａは出来事、Ｂは不適切な認知、Ｃは結果としての感情や行動を表します。認知行動療法ではＢに働きかけて行動を変えていきます。

代表的介入法

精神分析	無意識に働きかける
分析心理学	集合無意識を夢分析する
行動療法	適応的行動を学習する
認知行動療法	認知のゆがみを改善する
クライエント中心療法	健康的なあり方に気づく

介入する時に大切なこととは

04

面接には傾聴が大事

彩子は、抑うつ状態に陥り、神代先生の面接を受けました。この面接のことを、心理学では「介入」と言います。医学で言えば治療ということでしょう。介入は、心の問題の解決のために行うサポートの意味で使用します。つまり、**介入は、心の問題によって生きにくくなっている人を、生きやすくするよう手助けをすること**です。

さて神代先生のしていた介入はどのようなものだったでしょうか。

何も言葉らしいものを積極的に発していないではないか、と思われたかもしれません。介入は、こうしなさいと指導することとは根本的に違います。しかしよく見てください。神代先生は、彩子の話をよく聞き、感情を捉えようとしています。彩子の混乱した気持ちを紐解こうとしています。

こうした態度を「傾聴」と言います。

面接で重要なことは、この傾聴するということでした。

傾聴されていると、彩子の方で、自然と心が動き始めました。

傾聴している神代先生が、彩子の気持ちを反射する鏡の役割を担うのです。彩子の言ったことを一部繰り返しているようにも見えます。

神代先生は、このとき、彩子に「無条件の積極的関心」を向け、「共感的理解」をしようとしていたのです。カウンセラーの態度にそうした「無条件の積極的関心」と「共感的理解」が成り立てば、心に問題が生じた個人に、パーソナリティの建設的な変化が生じると考えます。

これはクライエント（来談者）中心療法の考え方です。

実際、彩子には前向きな心の動きが生じました。

この時、神代先生は、翠が行ったバウムテストの絵を彩子に見せました。切り株に新芽が生えている絵でした。

彩子は、どうもこの絵をよく覚えていなかったようでした。すでに少し混乱状態にあったということなのでしょう。

しかし神代先生は、新芽に新たな方向性の発露を感じ取っていました。

この**読み取りを、「見立て」と言います**。

介入において、彩子がどのような状態かを見立てていたわけです。その見立てがあったので、翠が傍で彩子の心配を言い立

面接の方法

面接者

- 傾聴する（基本）
- 「無条件の積極的関心」と「共感的理解」で接する

↓

被面接者

- パーソナリティの健康的変化が生じる

神代先生の言葉で心のもやもやが晴れる彩子。

ても、動じないでいられました。それが、現実の彩子を見ると、やや抑うつがひどそうであったので、介入したというわけです。

そして絵を見せて、現在の彩子の心理状態について、理解を深めさせようとしました。彩子は、それを見て、素直に、自身の心の状態を理解しました。ああ、そうなのだ、というように自身について腑に落ちることを「洞察」と言います。

彩子は、自身の心の問題のありかを、洞察できました。もう心配いりません。

Column

バウム・テストの臨床実践

絵の変化から状態の変化を読み取ることも

Ｐａｒｔ４で抑うつ状態の彩子と向かい合った神代先生は、彩子がＰａｒｔ３で翠と対立していた時に行ったバウム・テストの描画を使用しました。

心理検査は同様に、精神科医療現場でも使用されます。

先に精神障害を紹介しましたが、精神障害患者の木の絵を紹介したいと思います。

最初の絵（図１）は、バウム・テストに彩色を施すように求めた彩色樹木画です。統合失調症患者が描きました。

木の絵には思えないようなものが描かれました。

状態が悪化して再度同じ患者に描いたものもあります。木が非常に小さく描かれ、貧弱なものになっていました（図２）。

統合失調症患者では、独特の認知障害がありますので、それを反映して描画に歪みが生じます。そうした歪みは、

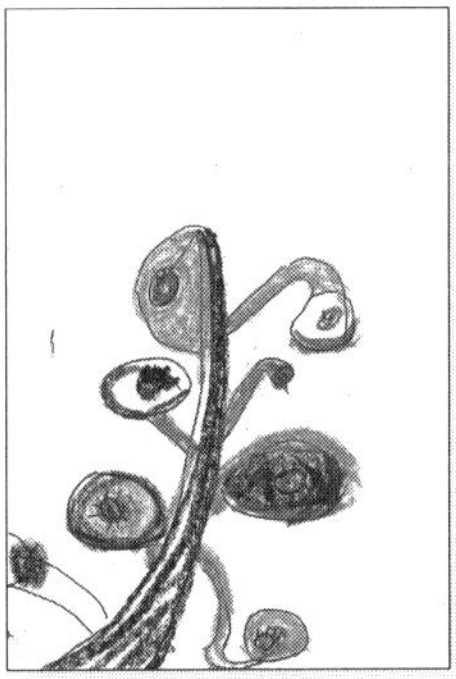

図１

状態が悪化すると、より顕著になり、安定してくると歪みも目立たなくなります。例えば、新芽を描いていた統合失調症患者が、回復過程で、若木になり、幹が太くなり、樹冠も大きくなり、やがて豊かな樹冠の幹の太い立派な木になるということが起こります。

次に双極性障害の患者の描画を見てみたいと思います（図3）。躁状態の時に描いたものです。

描画全体にまとまりがないという印象が得られます。しかし、ここでは見ることはできませんが、実際は色遣いは多様であり、形態も飛び跳ねているような感じがあります。何よりも、統合失調症患者の絵と比べると、用紙からはみ出すように描かれていることに気づくと思います。

このように精神障害ごとに異なる特徴の描画が得られます。

図2

図3

そうした特徴を捉えることで、診断的な補助的な情報が得られるばかりでなく、統合失調症の描画で示したように、絵の変化から状態の変化を見ることもできるわけです。そうした変化を捉えることで、症状の経過についての情報も得られることになります。

彩子の場合、一度の描画の特徴だけで介入が行われましたが、抑うつ症状の回復を見るために再度描画を求めるということも、臨床の実際では起こり得ることです。

心理学が果たす役割とは

05

生きにくさを感じるようになった時の援助にも有効

さて、これまでもさんざんお伝えした通り、Ｐａｒｔ４では彩子は抑うつ的になってしまって、仕事ができなくなってしまったことが描かれ、それについてＡＢＣモデルで抑うつ生起の説明を加えました。

しかし、彩子の抑うつは一度の面接で回復してしまいました。症状としては非常に軽いものでした。そのため別の観点から、抑うつを示した彩子の心の状態を考えることもできるでしょう。

彩子の年齢を考えてみましょう。

繰り返しになりますが、彩子は大学を卒業し、大学に助手として勤務していますが、仕事に生きがいを感じているわけではありません。そうした彼女の目の前に、翠という心理学を生きがいとしているほぼ同世代の同性が出現したのでした。そうしたきちんとした目標をもって生きている同性に出会って、自身の生き方を振り返ってみて、何も考えてこなかったことにいまさらながら気づかされたということもありそうなことです。

成人期に入って、自身の生き方を捉えなおすこともあるでしょう。そうすると、それまでの生き方を変えることになります。Ｐａｒｔ２で中年期危機を取りあげ（１５４頁）、この時期におけるキャリアチェンジの説明をしました。

同様のことは、より若い年代、つまり彩子の年代においても起こりえることです。そして生き方を巡る迷いの時に、症状としては、マンガで示したような抑うつが生じます。彼女は新しい生き方を見つけました。晴々した表情になります。新しい生き方の発見もこの年代にありがちなことです。バウムテストに見られた新芽はそうした新しい生き方の象徴でした。

神代先生の面接で、彩子は自身の心の状態を洞察し、混乱状態にあったことを確認し、それを整理し、新たな方向性を見出しました。

このように心理学は、心の病にかかわるための有用な方法を提供しているばかりでなく、健康な一般的な人――彩子のように――が少し生きにくさを感じるようになった時の援助にも有効な方法を提供することができるのです。

【著者プロフィール】
横田　正夫（よこた　まさお）

医学博士、博士（心理学）

日本大学教授。認定心理士、臨床心理士。日本大学芸術学部映画学科映像コースでアニメーションを学ぶ。同校を卒業後、同大学大学院文学研究科で心理学を専攻する。認知心理学から映像理論を紐解こうと試みる。大学院博士後期課程満期退学後、群馬大学医学部精神医学教室に勤務し、精神科の患者に心理検査を行うとともに、統合失調症の認知障害の研究を行う。1991年に日本大学文理学部心理学科専任講師就職、2000年から現職。著書に『アニメーションとライフサイクルの心理学』『日韓アニメーションの心理分析』（以上、臨川書店）などがあり、『アニメーションの事典』（朝倉書店）の編著者の一人となる。社会的活動として公益社団法人日本心理学会常務理事、日本アニメーション学会会長（元）、群馬県臨床心理士会会長（元）などを務めた。

編集協力／トレンド・プロ
マンガ原作／松尾陽子
カバーイラスト・作画／山鳥おふう

マンガでやさしくわかる心理学

2016年2月10日　　初版第1刷発行

著　者 —— 横田 正夫

発行者 —— 長谷川 隆
発行所 —— 日本能率協会マネジメントセンター
〒103-6009 東京都中央区日本橋2-7-1 東京日本橋タワー
TEL 03（6362）4339（編集）／03（6362）4558（販売）
FAX 03（3272）8128（編集）／03（3272）8127（販売）
http://www.jmam.co.jp/

装丁／本文デザイン—ホリウチミホ（ニクスインク）
印刷所————シナノ書籍印刷株式会社
製本所————株式会社三森製本所

ISBN 978－4－8207－1938－0 C0011
落丁・乱丁はおとりかえします。
PRINTED IN JAPAN